Herramientas para la organización del tiempo. CTRG0006

Roberto Pérez Huguet

ic editorial

Herramientas para la organización del tiempo. CTRG0006
© Roberto Pérez Huguet

1ª Edición

© IC Editorial, 2025

Editado por: IC Editorial
c/ Cueva de Viera, 2, Local 3
Centro Negocios CADI
29200 Antequera (Málaga)
Teléfono: 952 70 60 04
Fax: 952 84 55 03
Correo electrónico: iceditorial@iceditorial.com
Internet: www.iceditorial.com

ISBN: 978-84-1184-771-1
Depósito Legal: MA 649-2025

Impresión: PODiPrint
Impreso en Andalucía – España

Nota de la editorial: IC Editorial pertenece a Innovación y Cualificación S. L.

Especialidad formativa

Se entiende por especialidad formativa la agrupación de contenidos, competencias profesionales y especificaciones técnicas que responde a un conjunto de actividades de trabajo enmarcadas en una fase del proceso de producción y con funciones afines.

Las especialidades formativas de Usc General, Formación Complementaria, Formación Modular y las especialidades formativas dirigidas a la obtención de certificados de profesionalidad se incluyen en el Fichero de Especialidades del Servicio Público de Empleo Estatal para su gestión en todo el territorio nacional por cualquier Administración competente.

Las especialidades complementarias, pertenecen todas a la Familia profesional de Formación Complementaria (FCC) y tienen la consideración de formación transversal en áreas que se consideran prioritarias tanto en el marco de la Estrategia Europea para el Empleo y del Sistema Nacional de Empleo como en las directrices establecidas por la Unión Europea. Se consideran áreas prioritarias las relativas a tecnologías de la información y la comunicación, la prevención de riesgos laborales, la sensibilización en medio ambiente, la promoción de la igualdad, la orientación profesional y aquellas otras que se establezcan por la Administración competente.

Las especialidades de Certificado de profesionalidad tienen una duración especificada en su normativa reguladora.

En el resultado de la búsqueda, se muestran las unidades de competencia, todos los módulos formativos con su duración y las unidades formativas del certificado correspondiente, con su duración. Las horas del certificado, exclusivo de las especialidades de certificado de profesionalidad, con alta igual o superior a 2008, son las horas totales más las horas del módulo de Prácticas Profesionales no Laborales.

⮑ **Si la especialidad tiene unidades formativas,** las horas totales, presencial, distancia, teleformación serán igual a la suma de esas horas de las unidades formativas de los distintos módulos, sin que se repita ninguna Unidad formativa.

➲ **Si la especialidad no tiene unidades formativas,** las horas totales, presencial, distancia, teleformación serán igual a las sumas de esas horas de los módulos formativos, eliminando las horas de los módulos repetidos.

https://sede.sepe.gob.es/especialidadesformativas/RXBuscadorEFRED/BusquedaEspecialidades.do

(Fuente: Servicio Público de Empleo Estatal)

Índice

OBJETIVOS GENERALES

Los objetivos general del **CTRG0006. Herramientas para la organización del tiempo,** son:

- ⮑ Aplicar técnicas de administración del tiempo para conseguir objetivos personales, profesionales y de productividad.
- ⮑ Identificar el concepto de tiempo y las principales causas de pérdida de tiempo.
- ⮑ Definir herramientas de organización del tiempo y del trabajo.
- ⮑ Explicar diferentes modelos de productividad personal.

Concepto y principales causas de pérdidas de tiempo

Contenido

Objetivos

El objetivo general de esta Unidad de Aprendizaje es:

→ Identificar el concepto de tiempo y las principales causas de pérdida de tiempo.

Los objetivos específicos de esta Unidad de Aprendizaje son:

→ Analizar el concepto del tiempo y su evolución histórica.

→ Identificar y categorizar las principales causas de pérdidas de tiempo.

→ Evaluar el impacto de la multitarea en la gestión del tiempo.

→ Reconocer las distintas pérdidas de tiempo que reducen la productividad.

1. Introducción

El tiempo es un recurso vital para las personas, que influye en su comportamiento y conducta. En una sociedad que valora la rapidez, buscamos hacer múltiples tareas en poco tiempo, lo que ha llevado al concepto de multitarea. Identificar los elementos que nos hacen perder tiempo permite usar herramientas y estrategias para ser más eficientes.

A lo largo de este manual nos acompañará Olatz, que trabaja para una fundación que gestiona proyectos de cooperación internacional.

2. Identificación del concepto del tiempo

☞ HILO CONDUCTOR

Olatz se ha dado cuenta de que en su oficina hay personas que tienen la capacidad de priorizar las tareas que tienen que desempeñar, sobre todo cuando trabaja con compañeros que se encuentran en las oficinas de otros países, motivo por el cual ha decidido tratar de entender la importancia que las distintas culturas le dan al tiempo y la forma de utilizarlo.

El **concepto del tiempo** es una noción fundamental que ha sido objeto de reflexión y estudio en diversas disciplinas, como la filosofía, la física, la psicología y la cultura en general, aunque todas coinciden en que es un elemento intangible y que no se puede detener.

Actualmente el tiempo se concibe como un aspecto lineal, en cuyos extremos se encuentran el pasado y el futuro.

IMPORTANTE

El tiempo no es infinito, sino que es limitado, puesto que los días duran 24 horas y no hay forma de ampliar esa duración, lo que provoca que debamos aprovecharlo al máximo.

Se puede definir "tiempo" como la magnitud física con la que se mide la duración de un acontecimiento o la separación entre varios de ellos. Con el paso del tiempo, filósofos, pesadores y científicos han estudiado la naturaleza del tiempo, por lo que se puede definir el concepto del tiempo desde distintas **perspectivas:**

- **Filosofía.** Las culturas orientales ven el tiempo como cíclico, mientras que la visión occidental, influenciada por la filosofía judeocristiana y la ciencia moderna, lo considera lineal. Kant y Einstein propusieron la teoría de la relatividad, que dice que el tiempo es relativo y depende de los observadores.
- **Física:**

  - **Física clásica:** en la física newtoniana el tiempo es absoluto, es un fondo sobre el que ocurren los eventos.
  - **Relatividad espacial:** Albert Einstein demostró que el tiempo no es absoluto, sino que depende del observador y de su velocidad relativa.
  - **Relatividad general:** en esta teoría, Einstein introdujo la idea de que la gravedad puede influir sobre el tiempo. En campos gravitacionales intensos, el tiempo pasa más lentamente en comparación con lugares con menor gravedad.

- **Psicología.** En psicología, el tiempo se percibe y se experimenta de manera subjetiva. Cada individuo tiene una percepción del paso del tiempo que puede variar dependiendo de su edad, estado emocional, contexto cultural y otros factores. Algunas áreas de estudio en psicología relacionadas con el tiempo incluyen:

  - **Percepción del tiempo:** los seres humanos tienden a percibir el tiempo de manera diferente según sus circunstancias.
  - **Desarrollo temporal:** el sentido del tiempo cambia a lo largo de la vida. Los niños tienen una percepción del tiempo menos precisa que los adultos.
  - **Tiempo y memoria:** la memoria está fuertemente vinculada a la experiencia del tiempo, ya que recordamos eventos pasados y proyectamos eventos futuros.

⊃ **Cultural.** El tiempo tiene un componente cultural importante, ya que las diferentes sociedades organizan y conceptualizan el tiempo de formas diversas:

  ◐ **Culturas occidentales:** suelen concebir el tiempo de forma lineal y progresiva, con un fuerte énfasis en la puntualidad y la eficiencia.
  ◐ **Culturas orientales / indígenas:** pueden ver el tiempo de manera cíclica o flexible, centrándose en los ciclos naturales y siendo más laxos con la puntualidad.
  ◐ **El lenguaje:** juega un papel crucial en la manera en la que se concibe el tiempo. Por ejemplo, en español, nos referimos a "mirar hacia el futuro" como forma de proyectar el sentido del tiempo.

⊃ **Tecnología.** La globalización y las tecnologías de la comunicación han acelerado la forma en la que nos relacionamos y usamos el tiempo.
El **tiempo real** ha tomado una nueva dimensión gracias a las tecnologías de la información, en las que la inmediatez y la conectividad han transformado la percepción del paso del tiempo.

Siendo conscientes de que el tiempo es un recurso que no se puede controlar, y de que debemos usarlo de forma consciente y efectiva, tenemos que tratar de reducir al máximo posible las pérdidas de tiempo. A continuación, analizaremos algunos aspectos relevantes sobre este concepto:

En el trabajo

En el trabajo, se usa el tiempo para evaluar productividad y objetivos. Gestionar bien el tiempo exige priorizar tareas, fijar metas y delegar responsabilidades.

En la vida personal

En la vida cotidiana, el tiempo juega un papel crucial en la calidad de nuestras relaciones personales y en el desarrollo de las actividades de ocio.

En la educación y en el tiempo de estudio

Gestionar bien el tiempo es clave para el éxito académico. Un horario de estudio que incluya tareas y actividades personales optimiza el aprendizaje y mejora la calidad del tiempo dedicado al estudio.

Para identificar cómo utilizamos nuestro tiempo en los distintos ámbitos de nuestro día a día, podemos apoyarnos en algunas **técnicas,** entre las que destacan:

- **Registro del tiempo:** llevar un registro de actividades diarias y analizar cómo se utiliza el tiempo que destinamos a cada una de las tareas puede revelar patrones de conducta y áreas de mejora.
- **Prioridades y metas:** identificar y priorizar las tareas más importantes a corto y largo plazo nos ayuda a enfocarnos y a dedicar el tiempo necesario a lo que realmente importa.
- **Bloques de tiempo:** agrupar tareas similares en bloques de tiempo puede ayudar a mantener la concentración y reducir el agotamiento mental.
- **Flexibilidad y adaptabilidad:** la flexibilidad en los plazos y en las tareas puede prevenir el estrés innecesario y aumentar la resiliencia frente a los imprevistos.

 SABÍAS QUE...

En el libro de Adam J. Jackson Los diez secretos de la riqueza abundante, se relaciona el tiempo con el dinero y, en uno de sus capítulos, se reflexiona sobre el siguiente pasaje, en el que un sabio anciano chino le dice a un joven en apuros económicos:

"¿Puede considerar próspero a un acaudalado hombre de negocios que gana un salario enorme pero cuya carga laboral le impide disfrutar de sus hijos? ¿Quién es más rico, un millonario con cáncer o un hombre sin dinero en el banco, pero con una excelente salud? La verdadera riqueza solo puede juzgarse por la calidad de vida. Solo una persona que puede vivir su vida de la manera que desea es realmente rica".

Aprender a valorar el tiempo nos ayuda a gestionar mejor nuestros proyectos, identificar aspectos no productivos y mejorar nuestra vida diaria. Además, el tiempo ha sido concebido de diferentes maneras a lo largo de la historia y en distintas culturas, lo que puede enriquecer nuestra comprensión y nuestra relación con él.

2.1. Concepto del tiempo y mitología

El tiempo, habitualmente, lo percibimos como un elemento lineal que se mueve desde el pasado al futuro pasando por el presente, en el que se suceden los eventos y situaciones. Además de esta concepción lineal, algunas culturas lo conciben de forma diferente, entre las que cabe destacar:

La circularidad del tiempo en las cosmovisiones míticas
- En las culturas agrícolas, como el antiguo Egipto y las civilizaciones mesoamericanas, los ciclos de siembra y cosecha crearon el concepto de tiempo cíclico basado en los patrones naturales.

El tiempo como manifestación divina
- Muchas culturas consideran que el tiempo, además de ser un fenómeno natural, también tiene vida propia. En las culturas mesoamericanas, el dios maya Itzamná es considerado una de las deidades que sustentan el universo en su continuidad temporal.

El tiempo lineal y la progresión histórica
- El modelo lineal del tiempo desarrollado bajo la influencia de las religiones judía y cristiana ha marcado la concepción del tiempo en las culturas occidentales.

Analizar las distintas formas en las que se ha tratado el tiempo a través de la historia y de las civilizaciones nos puede ayudar a entender la manera en la que interactuaban las personas con él y con el resto de los elementos de su entorno.

2.2. Diferentes concepciones del tiempo

El tiempo se percibe de manera distinta según la época y la cultura. En las sociedades occidentales actuales, basadas en los filósofos griegos como Aristóteles, se ve como una línea o flecha que indica su dirección lineal.

 **DEFINICIÓN**

Línea de tiempo

Eje cronológico o línea temporal útil para establecer las etapas de los procesos y destacar la sincronía en el tiempo de distintos hechos históricos o relacionados con el paso del tiempo.

Aunque esta percepción del tiempo de forma lineal es la más utilizada actualmente, en algunas civilizaciones antiguas el tiempo se concibe como un elemento cíclico, de forma que utilizan los ciclos lunares para definir el tiempo, lo que convierte la historia en un proceso de nacimiento, vida, fallecimiento y renacimiento.

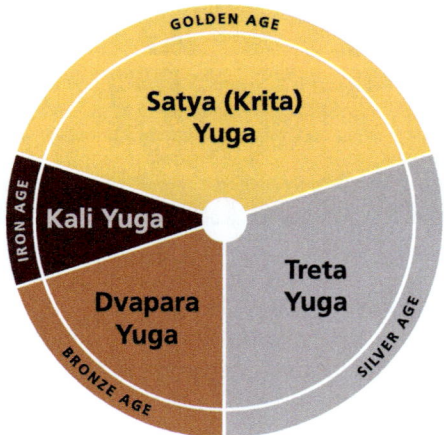

Representación gráfica del ciclo de yuga

Desde una perspectiva filosófica, San Agustín reflexionó que el pasado ya no existe, el futuro aún no ha llegado, y solo tenemos el presente, lo que nos lleva a considerar que el tiempo es un concepto que únicamente se encuentra en nuestra mente. Aunque el tiempo ha sido analizado de manera teórica, hoy en día contamos con diversas herramientas para medirlo y gestionarlo, siempre desde una interpretación lineal del mismo.

ACTIVIDAD COMPLEMENTARIA

1. Investiga acerca de los elementos que se recogen en una línea de tiempo y los distintos tipos que se pueden realizar.

   Elabora un resumen con la información recogida.

3. Distinción de las principales causas de pérdidas de tiempo

 HILO CONDUCTOR

Olatz quiere optimizar su tiempo para tratar de que sus obligaciones profesionales no pisen a las personales, por lo que quiere conocer los distintos ladrones de tiempo a los que se enfrenta y si existe alguna herramienta que le pueda ayudar a reducir su impacto en las tareas que tiene que llevar a cabo.

Es esencial identificar y reducir las pérdidas de productividad para aprovechar mejor el tiempo y minimizar su impacto en nuestras actividades diarias.

3.1. Los "ladrones de tiempo"

Los "ladrones de tiempo" son factores, tareas o comportamientos que nos distraen de nuestras metas principales, provocando pérdidas de tiempo. Estos pueden afectar tanto a la vida personal como profesional, por lo que es importante controlarlos para mantener la productividad.

IMPORTANTE

Los ladrones de tiempo nos influyen porque, de forma voluntaria, hemos decidido dedicarles tiempo, aunque en muchas ocasiones no seamos conscientes de esto.

- -

VÍDEO

A continuación, puedes ver un vídeo en el que se nos ayuda a revisar, identificar y neutralizar los ladrones del tiempo que pueden afectarnos. Accede al vídeo desde aquí:

https://redirectoronline.com/ctrg00060101

- -

Los ladrones de tiempo pueden ser externos si están fuera de nuestro control, o internos si son debidos a nuestra falta de planificación. Entre los ladrones de tiempo más habituales, y que más nos afectan, se encuentran los siguientes **tipos:**

- **La multitarea.** Hacer varias tareas a la vez es un error porque el cerebro no puede concentrarse de forma efectiva en más de una tarea. La multitarea disminuye la concentración y la eficiencia, fragmentando la atención y aumentando el tiempo para completar cada tarea.
- **Distracciones tecnológicas.** Navegar sin rumbo en la red y revisar las redes sociales puede consumir horas. Los estudios indican que dedicamos hasta dos horas al día a estas actividades, tiempo que podría ser más productivo. Consultar el correo electrónico varias veces también rompe el flujo de trabajo.
- **Falta de organización personal.** Crear listas en las que se prioricen las tareas o utilizar herramientas de gestión de tiempo como el método GTD

pueden ser estrategias eficaces para reducir esta pérdida de tiempo. Una solución para reducir este ladrón de tiempo puede ser el uso de herramientas de organización, como calendarios o aplicaciones de listas de tareas.

- **No saber decir que no.** Aceptar tareas o responsabilidades que no nos corresponden o que no nos permiten avanzar hacia nuestras metas nos hace perder mucho tiempo.
- **La incapacidad para delegar.** Los líderes y administradores pueden sentirse abrumados por sus responsabilidades y perder el tiempo. No delegar tareas a otros miembros aptos genera una acumulación innecesaria de trabajo. Confiar en otros y asignar tareas es crucial para evitar la pérdida de tiempo.
- **Las interrupciones.** Las interrupciones, físicas o digitales, son un factor predominante que influye en la pérdida de tiempo. Es recomendable avisar al resto de personas de nuestro entorno de que no queremos ser interrumpidos. Utilizar herramientas como el modo "No molestar" en los dispositivos electrónicos puede ayudar a reducir estas interrupciones.
- **El correo electrónico, las redes sociales y la mensajería.** Olvidémonos de *WhatsApp, Facebook, Instagram*, el correo electrónico, etc. Estas plataformas digitales pueden convertirse en una gran pérdida de tiempo si no las controlamos, por lo que deberemos establecer límites de tiempo para el uso de estas plataformas digitales.
- **Falta de concentración.** Debemos tratar de descansar lo máximo posible, comer sano y hacer algo de ejercicio, lo que mejorará nuestra salud y nuestra capacidad de concentración.
- **Falta de motivación.** Sin un propósito claro, las tareas pueden parecernos irrelevantes o pesadas, lo que nos llevará a postergarlas o evitarlas.
- **Mala comunicación.** Trabajar con herramientas que faciliten la comunicación y el desarrollo de las tareas nos permitirá aumentar nuestra productividad.
- **Malas condiciones de trabajo.** Trabajar en ambientes que no facilitan la concentración es otro ladrón de tiempo. Ruidos externos, mobiliario inadecuado, falta de privacidad o poca iluminación son distractores que reducen nuestra capacidad de enfocar el pensamiento y realizar el trabajo de forma eficiente.
- **Viajes y desplazamientos.** El teletrabajo o la flexibilidad horaria pueden ayudarnos a reducir los efectos que genera este ladrón de tiempo.
- **Perfeccionismo innecesario.** Aunque la calidad es importante, buscar la perfección absoluta puede hacernos perder el tiempo. Adoptar la mentalidad de "suficientemente bueno" y fijar metas alcanzables puede reducir la presión y liberar tiempo para otras tareas importantes. El miedo a no cumplir un estándar irreal puede dificultar completar las tareas.
- **Entornos desordenados.** Muchas veces, las pérdidas de tiempo son el resultado de unos hábitos de trabajo ineficientes, tales como la mala

organización de la información, esfuerzos innecesarios en tareas de bajo valor, o la priorización incorrecta de tareas.

➲ **Falta de descanso y autocuidado.** Cuando no descansamos lo suficiente, nuestra productividad disminuye y terminamos trabajando más horas de las necesarias para completar las tareas.

 **RECUERDA**

Somos nosotros los que tenemos la capacidad de corregir nuestros comportamientos y evitar las pérdidas de tiempo.

Si no controlamos los ladrones de tiempo, las tareas se dilatarán con el paso del tiempo.

Aunque podemos hablar de diversos **ladrones de tiempo** y categorizarlos como **internos** (se deben a nosotros mismos) o **externos** (escapan de nuestro control), en ambos casos nosotros tenemos la capacidad de decidir el grado de influencia que van a tener sobre nuestro tiempo.

 **PARA SABER MÁS**

En la siguiente entrada se estudian los 9 ladrones de tiempo más frecuentes y la forma de evitarlos. Accede desde aquí:

Continúa en página siguiente >>

<< Viene de página anterior

https://redirectoronline.com/ztrg00060102

 TAREA 1

Antonio se ha dado cuenta de que en su día a día laboral no puede cumplir con las tareas que se propone debido a los siguientes motivos:

- El encargado no le define las tareas que debe realizar, aunque nunca las puede cumplir porque siempre hay otras más urgentes a realizar.
- Cuando alguien le pide que le ayude, Antonio deja todo lo que está haciendo y le ayuda.
- Debe atender al teléfono y a las personas que acuden al establecimiento.
- De vez en cuando le llaman para que imparta formación a un grupo de personas que utilizan los productos de la empresa.
- Debe atender el servicio posventa y atender a los clientes que han comprado los productos.

¿Puedes relacionar cada una de las situaciones a las que se enfrenta Antonio diariamente en su puesto de trabajo con la pérdida de tiempo?

Estrategias para combatir a los ladrones del tiempo

Identificar a los ladrones de tiempo es crucial. Para contrarrestarlos, primero hay que reconocerlos mediante la autoevaluación y el análisis de los momentos de menor productividad. Algunas **medidas para evitarlos** son:

Políticas de comunicación	- Hay que establecer políticas de comunicación, para lo cual deberemos informar a nuestros compañeros sobre las acciones que vamos a tomar.
Aislamiento controlado	- Si hay muchas distracciones a nuestro alrededor, debemos aislarnos en una ubicación en la que únicamente estemos nosotros, o trabajar de forma remota desde otra ubicación en la que no existan distracciones.
Reglas de trabajo	- Debemos asegurarnos de que las personas de nuestro entorno entienden nuestras condiciones de trabajo y productividad.
Aprender a decir no	- Si aprendemos a decir no, nos ahorraremos muchos compromisos adquiridos por no quedar mal con el resto de las personas de nuestro entorno.

Además del uso de modelos de trabajo estructurados y del ordenamiento de los espacios físicos, nos podemos apoyar en el *timeboxing,* que consiste en dividir las tareas en pequeños bloques de trabajo de forma que se limite la cantidad de tiempo destinado a estos.

 **DEFINICIÓN**

Timeboxing
Estrategia de gestión de tiempo orientada a la consecución de un objetivo en un periodo determinado, lo que provoca un aumento de la productividad y una disminución de la procrastinación.

3.2. Las nuevas tecnologías, las redes sociales y los estímulos externos

La evolución del mundo ha pasado de la prehistoria a la Edad Contemporánea debido a los avances en las formas de vivir, pasando del trabajo manual a la tecnología moderna. La tecnología y las redes sociales han generado nuevas formas de comunicación, pero también se han convertido en ladrones de tiempo, dificultando la optimización de nuestras tareas diarias. ¿Cuántas veces sacas el teléfono para ver la hora y terminas haciendo otra cosa?

Las nuevas tecnologías

La tecnología no solo ofrece ventajas, sino que también tiene inconvenientes, como el aumento de distracciones. Las notificaciones, alertas y anuncios en nuestros dispositivos móviles están diseñados para captar nuestra atención, lo que nos hace perder el enfoque y la concentración en nuestras tareas.

 PARA SABER MÁS

En un trabajo de investigación realizado por la Universidad de California y Microsoft han descubierto que cada vez que nos distraemos necesitamos "23 minutos y 15 segundos" para volver a concentrarnos en la tarea que estábamos realizando. Te recomendamos la lectura del artículo que Gabriel López escribió sobre esta temática. Accede desde aquí:

https://redirectoronline.com/ctrg00060103

Las redes sociales

La tecnología y las redes sociales permiten contactar fácilmente con personas. Sin embargo, están diseñadas para mantenernos enganchados, mostrando contenidos de interés que nos hacen pasar más tiempo del previsto en ellas.

IMPORTANTE

El algoritmo de *TikTok* es conocido por su alta efectividad para retener a los usuarios y descifrar sus intereses.

El diseño en el que se apoyan las redes sociales de retener al usuario la mayor cantidad de tiempo posible puede generar, sobre todo en los jóvenes, un trastorno del comportamiento caracterizado por la necesidad compulsiva e incontrolable de estar conectado a las redes sociales de forma constante, lo que provoca una pérdida del control y una interferencia en la vida diaria de la persona.

PARA SABER MÁS

Silvia Pato realiza un análisis sobre el tiempo que se debe estar en las redes sociales para que se considere que existe una adicción a las mismas. Accede a la publicación desde aquí:

https://redirectoronline.com/ctrg00060104

Algunos de los **síntomas** habituales que presenta una persona con adicción a las redes sociales son:

- **Ansiedad al desconectarse de las redes.** Las personas adictas a las redes sociales suelen experimentar ansiedad, inquietud o pánico cuando no pueden acceder a sus redes favoritas. Esta sensación de angustia puede ser tan intensa que los lleve a buscar cualquier excusa para volver a conectarse.

- **Incapacidad para controlar el tiempo inmerso en las redes.** Las personas adictas a las redes sociales a menudo pierden la noción del tiempo cuando están usándolas. Lo que comienza como una revisión de las notificaciones se convierte en horas de navegación desatendiendo otras actividades importantes.
- **Descuido de responsabilidades.** La adicción a las redes sociales puede provocar un descuido de las responsabilidades laborales y/o familiares. Las personas adictas pueden llegar tarde al trabajo, faltar a sus obligaciones o desatender a su familia por estar conectados a las redes.
- **Uso de las redes sociales para solucionar problemas personales.** Las personas adictas a las redes sociales a menudo las utilizan como vía de escape de sus problemas personales. En lugar de afrontar las dificultades de forma saludable, se refugian en el mundo virtual, lo que agrava sus problemas.
- **Problemas de sueño.** El uso excesivo de las redes sociales, antes de acostarnos, puede interferir en el sueño. La luz azul emitida por las pantallas altera los ciclos de sueño, lo que dificulta la conciliación del sueño y provoca despertares nocturnos y somnolencia diurna.
- **Falta de cuidado personal.** Un elemento que se usa como avisador de que una persona se ha convertido en adicta a las redes sociales es que descuida su higiene personal, la alimentación y el ejercicio físico. Esto es debido a que el tiempo que pasa en las redes sociales lo resta a otras actividades esenciales para su salud y bienestar.

 PARA SABER MÁS

Te recomendamos leer el artículo de la psiquiatra Rosa Molina acerca de la adicción a las redes sociales. Accede al artículo desde aquí:

https://redirectoronline.com/ctrg00060105

Estímulos externos

Nuestro entorno incluye estímulos digitales de redes sociales y notificaciones, así como estímulos externos que afectan negativamente a la gestión del tiempo. Los ruidos, las interrupciones de compañeros, la iluminación y la temperatura pueden desviar nuestra atención.

 SABÍAS QUE...

Según un estudio realizado por la empresa SAGE, la productividad se reduce en un 15 % en las oficinas abiertas y el 58 % de los usuarios afirman que hay demasiadas distracciones.

Los dispositivos electrónicos son los responsables de un aumento de la pérdida de tiempo.

Reducción de estímulos externos

Una vez analizados los distintos elementos y aspectos que influyen negativamente sobre nuestro entorno laboral y personal, es momento de tratar de reducir estas distracciones, para volver a tener el control sobre nuestro tiempo. Algunas **acciones** que podemos llevar a cabo para conseguirlo son:

Definición de límites
- Es importante establecer periodos para revisar las notificaciones de nuestros dispositivos móviles para evitar hacerlo de forma continua. Se puede adecuar la configuración del dispositivo para desactivar las notificaciones y reducir las interrupciones.

Técnicas de atención
- A través del *mindfulness* y la práctica de la atención plena podemos mejorar nuestra capacidad para concentrarnos y resistir a las distracciones. Mediante ejercicios de meditación, podemos entrenar nuestra mente para aumentar la duración de periodos de atención sostenida.

Métodos de gestión de tiempo
- Implementar sistemas de gestión del tiempo, como la técnica Pomodoro, puede aumentar nuestra productividad al limitar el tiempo de atención y distracción.

Enfoque consciente
- Utilizar la tecnología de forma consciente implica seleccionar las aplicaciones y herramientas que utilizamos y la forma en la que las incorporamos a nuestro día adía, priorizando las que facilitan el trabajo y el aprendizaje.

Espacio de trabajo
- Crear un entorno de trabajo que minimice nuestras distracciones físicas también es crucial.

3.3. La multitarea externos

La multitarea externa es la capacidad de manejar varias actividades simultáneamente mediante dispositivos o herramientas digitales. En contraste, la multitarea interna se refiere a la habilidad personal para gestionar múltiples tareas al mismo tiempo. Algunos **ejemplos de multitarea externa** son:

⇨ **Dispositivos electrónicos.** La multitarea externa es muy habitual en el uso de los teléfonos inteligentes, ordenadores y otros dispositivos tecnológicos. Una persona puede ver un video en su teléfono mientras revisa correos electrónicos en su ordenador portátil, o responde mensajes mientras está en una videollamada.

- **Gestión de tareas.** Aplicaciones como *Asana, Trello* o los calendarios permiten organizar y coordinar múltiples proyectos o actividades a la vez; permiten dividir las tareas en otras más pequeñas, asignárselas a diferentes personas, establecer plazos y hacer un seguimiento de su progreso.
- **Hogares inteligentes.** Los sistemas de automatización, como los hogares inteligentes, permiten gestionar varias tareas a la vez mediante los asistentes virtuales, que pueden controlar luces, electrodomésticos, sistemas de seguridad, entre otros, sin intervención directa de los usuarios.
- **Entornos colaborativos.** En muchos entornos de trabajo digital la multitarea externa se ve reforzada por la colaboración en línea. Varias personas pueden trabajar en el mismo documento, en diferentes tareas al mismo tiempo, lo que permite avanzar de manera paralela sin la necesidad de realizar estas tareas de forma secuencial.

La multitarea externa ofrece ventajas significativas para optimizar la productividad y mejorar la eficiencia. Al usar dispositivos y aplicaciones para gestionar múltiples tareas, se pueden controlar varios proyectos sin perder el control. Estas herramientas permiten coordinar y organizar actividades de manera efectiva y adaptarse a las demandas según surgen. Las **ventajas** de la multitarea externa incluyen:

Mejora la eficiencia
- Las herramientas tecnológicas nos permiten realizar tareas de manera más rápida y eficaz. Las aplicaciones de organización o los asistentes virtuales nos permiten administrar varias tareas sin perder el control sobre ninguna de ellas.

Optimiza los recursos
- Al utilizar diferentes dispositivos y aplicaciones podemos aprovechar mejor el tiempo. Las herramientas de productividad pueden organizar las tareas y reducir el tiempo de la toma de decisiones.

Flexibilidad
- La multitarea externa nos ofrece la posibilidad de trabajar en diferentes tareas de forma simultánea, adaptándose a los cambios que se producen.

Mejora la colaboración
- Las plataformas colaborativas y las herramientas de comunicación permiten a los equipos de trabajo coordinarse y realizar diferentes actividades a la vez, como el intercambio de información en tiempo real o la actualización de documentos.

Aunque la multitarea puede mejorar la eficiencia, también tiene desventajas que afectan a la productividad y al bienestar. La dependencia de la tecnología y el cambio entre tareas pueden reducir la calidad del trabajo y causar agotamiento mental. Es importante ser consciente de estos efectos adversos para evitar problemas en el rendimiento y la salud mental. Entre los **inconvenientes** destacan:

Sobrecarga de información
- El riesgo principal de la multitarea externa es la sobrecarga de información. Al tener muchos dispositivos, aplicaciones y plataformas, puede ser difícil que nos centremos en lo que realmente importa, lo que, a su vez, puede reducir el rendimiento en cada una de las tareas.

Distracción y fatiga
- A menudo, la multitarea externa aumenta las distracciones. Si no las gestionamos adecuadamente, las notificaciones constantes y los cambios entre tareas pueden generarnos más estrés y más fatiga mental, lo que afecta negativamente a nuestra productividad.

Dependencia tecnológica
- La excesiva dependencia que tenemos de los dispositivos y de los sistemas externos pueden reducir nuestra capacidad de concentración y la habilidad para gestionar las tareas sin la ayuda de estas herramientas.

Reducción de la calidad del trabajo
- Aunque la multitarea puede incrementar la cantidad de trabajo que realizamos, a menudo reduce la calidad. La atención dividida puede dificultar la ejecución detallada y minuciosa de cada tarea, lo que afecta al resultado final.

Incremento del estrés
- La presión de responder a múltiples demandas externas simultáneamente puede generarnos niveles más altos de estrés. El ruido constante de las notificaciones, los correos y los mensajes puede llevarnos a un estado de ansiedad, impactando negativamente en nuestra salud a largo plazo.

IMPORTANTE

Mientras que en algunos entornos profesionales se fomenta el uso de plataformas para mejorar la productividad, otros advierten que el esfuerzo por gestionar demasiadas tareas al mismo tiempo provoca un aumento de los errores y reduce la calidad del trabajo.

La multitarea externa facilita nuestro día a día gracias a las herramientas digitales, pero no siempre significa eficiencia. Para optimizar nuestro desempeño, debemos gestionar nuestras tareas eficazmente y evitar la sobrecarga o dispersión mental. Podemos lograr esto trabajando en:

- **Priorización de tareas.** Debemos evaluar la importancia y la urgencia de las tareas externas que intentamos realizar al mismo tiempo. Hay que clasificar las actividades por su valor para enfocarnos primero en las que más impacto tienen sobre los objetivos principales.
- **Entornos de trabajo.** Minimicemos distracciones configurando nuestro entorno de trabajo. Usemos aplicaciones que bloqueen notificaciones, establezcamos horarios para revisar correos y notificaciones, y consideremos dispositivos de cancelación de ruido para enfocarnos en tareas prioritarias.
- **Disponibilidad.** Tenemos que aprender a decir no a las interrupciones innecesarias. Esto implica establecer expectativas y comunicar claramente nuestra disponibilidad a los demás, lo que nos permitirá mantener el control sobre nuestra agenda y nuestros planes de trabajo.
- **Descansos.** Debemos implantar pausas de descanso estratégico para recargarnos mentalmente entre actividades intensas. Técnicas como el método Pomodoro, donde se trabaja por intervalos de tiempo seguidos de descansos cortos, pueden ayudarnos a mantener el foco durante el día.
- **Aislamiento tecnológico.** Debemos establecer momentos de descanso mental mediante la desconexión total de los dispositivos electrónicos. Si dedicamos tiempo a actividades alejadas de las pantallas mejoraremos la capacidad de atención y productividad cuando retornemos a la actividad.

3.4. La multitarea

La multitarea consiste en realizar varias tareas simultáneamente. Aunque es común en dispositivos electrónicos, no se aplica igual al ámbito personal. Nuestro cerebro no puede enfocarse en múltiples tareas a la vez; más bien, conmutamos entre tareas. Si usamos la multitarea de manera efectiva, presenta las siguientes **ventajas:**

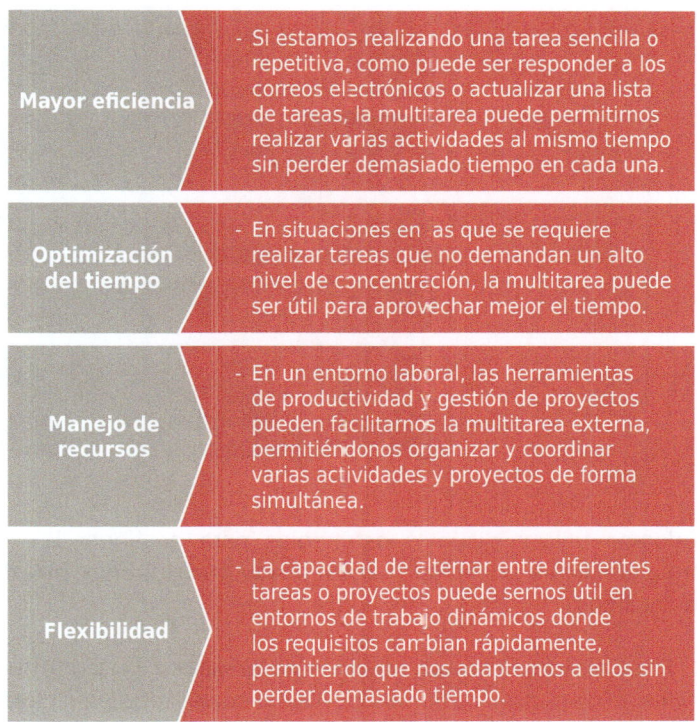

Mayor eficiencia
- Si estamos realizando una tarea sencilla o repetitiva, como puede ser responder a los correos electrónicos o actualizar una lista de tareas, la multitarea puede permitirnos realizar varias actividades al mismo tiempo sin perder demasiado tiempo en cada una.

Optimización del tiempo
- En situaciones en las que se requiere realizar tareas que no demandan un alto nivel de concentración, la multitarea puede ser útil para aprovechar mejor el tiempo.

Manejo de recursos
- En un entorno laboral, las herramientas de productividad y gestión de proyectos pueden facilitarnos la multitarea externa, permitiéndonos organizar y coordinar varias actividades y proyectos de forma simultánea.

Flexibilidad
- La capacidad de alternar entre diferentes tareas o proyectos puede sernos útil en entornos de trabajo dinámicos donde los requisitos cambian rápidamente, permitiendo que nos adaptemos a ellos sin perder demasiado tiempo.

A pesar de los beneficios indicados anteriormente, la multitarea también tiene otros inconvenientes que influyen en el desarrollo del trabajo. Estos **inconvenientes** son:

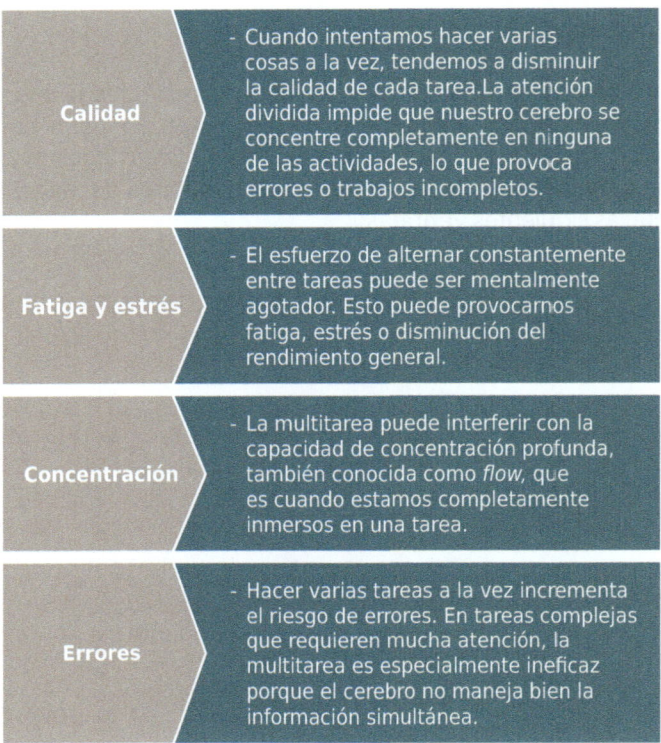

Podemos utilizar distintas estrategias para gestionar la multitarea de forma efectiva y aumentar nuestra productividad. Entre estas **estrategias** destacamos:

- **Priorización de tareas:** no todas las tareas son igual de importantes. Antes de comenzar, debemos identificar cuáles requieren nuestra atención total y cuáles pueden ser manejadas de manera simultánea con otras tareas.
- **División de tareas:** en vez de hacer varias cosas a la vez, la técnica Pomodoro divide las tareas en bloques de tiempo. Trabaja intensamente en una tarea, toma un breve descanso y luego pasa a otra.
- **Uso de herramientas:** la multitarea externa puede ser más efectiva si se apoya en herramientas de productividad, para lo que podemos usar aplicaciones para gestionar tareas, establecer recordatorios y organizar nuestro día.
- **Eliminar distracciones:** al trabajar en una tarea que requiere concentración, elimina distracciones: silencia las notificaciones del teléfono, cierra pestañas irrelevantes y busca un ambiente tranquilo.

➲ **Establecimiento de límites:** la multitarea no es adecuada para todas las personas ni para todas las tareas.
Debemos reconocer cuándo nuestra mente necesita un descanso y cuándo es mejor concentrarnos en una sola actividad.

Algunas empresas están promoviendo la monotarea, que consiste en enfocarse en una tarea a la vez hasta completarla, dedicando el tiempo necesario para garantizar la eficiencia y evitando distracciones. La multitarea puede ser útil en tareas simples y repetitivas, pero no en tareas complejas, ya que reduce la calidad del trabajo y aumenta el cansancio mental debido a la sobrecarga. Es fundamental reconocer en qué tareas se puede aplicar la multitarea y en cuáles no.

APLICACIÓN PRÁCTICA

Antonio es guía de montaña y se ha dado cuenta de que pierde mucho tiempo cuando prepara los materiales de las expediciones, puesto que tiene que hacer todas las tareas él solo, desde atender a las personas que acceden al local hasta contestar el teléfono, por lo que necesita incorporar a su trabajo algún sistema que le permita aumentar su productividad.

¿Puedes indicarle cuál sería la mejor opción para ayudarle a aumentar su productividad?

Solución

Antonio podría dividir las tareas en otras más pequeñas y concentrarse en ellas en el momento en el que las esté realizando.

En lugar de intentar hacer varias cosas a la vez, podemos usar la técnica Pomodoro o la división de tareas en bloques de tiempo. Esto implica trabajar intensamente en una tarea durante un periodo y, posteriormente, tomar un breve descanso antes de pasar a otra actividad. Este enfoque evita la fatiga mental y mejora la productividad a largo plazo.

4. Resumen

El concepto de tiempo es multidimensional y cambia dependiendo del contexto en el que se aborde. Aunque puede parecer una magnitud universalmente compartida, su comprensión depende de factores filosóficos, científicos, psicológicos, culturales y sociales, que nos ofrecen diferentes maneras de entender cómo medimos, percibimos y vivimos el tiempo.

En nuestro día a día, la gestión efectiva del tiempo se ha convertido en una habilidad esencial que se debe dominar tanto en un entorno personal como en uno profesional.

Para identificar cómo utilizamos nuestro tiempo en los distintos ámbitos de nuestro día a día podemos apoyarnos en algunas técnicas, entre las que destacan:

Registro del tiempo	Prioridades y metas	Bloques de tiempo	Flexibilidad y adaptabilidad

La gestión del tiempo no es un aspecto único de la época en la que vivimos, sino que ha sido definido de distintas maneras por las ciclizaciones y culturas anteriores, de forma que cada una de ellas establecía sus propios ciclos.

En la gestión del tiempo aparecen los ladrones del tiempo, que son los responsables de que no cumplamos nuestras expectativas cuando nos enfrentamos a una tarea, por lo que la identificación y gestión de estos nos permitirá mejorar nuestra eficiencia, para lo cual debemos ser capaces de ignorar los distintos estímulos y distracciones del entorno que nos rodea. Los ladrones del tiempo más usuales son:

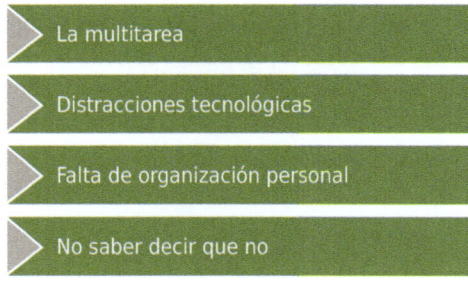

- La multitarea
- Distracciones tecnológicas
- Falta de organización personal
- No saber decir que no

Continúa en página siguiente >>

<< Viene de página anterior

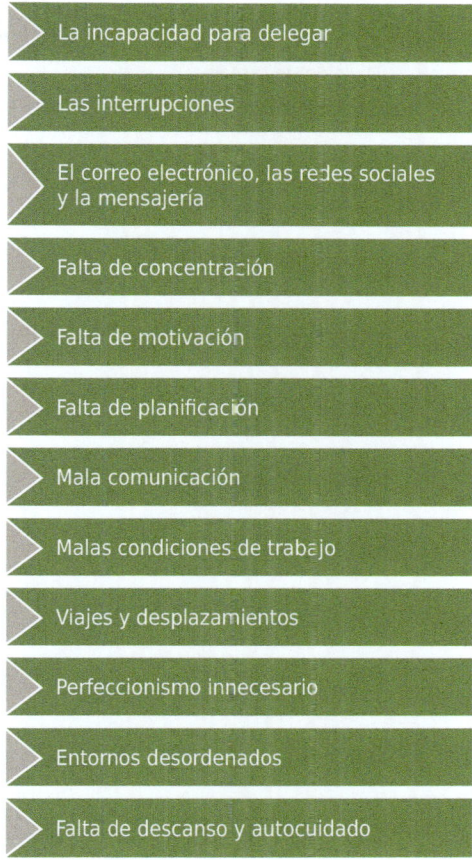

La incapacidad para delegar

Las interrupciones

El correo electrónico, las redes sociales y la mensajería

Falta de concentración

Falta de motivación

Falta de planificación

Mala comunicación

Malas condiciones de trabajo

Viajes y desplazamientos

Perfeccionismo innecesario

Entornos desordenados

Falta de descanso y autocuidado

Aunque la multitarea es una capacidad de las máquinas, se ha intentado importar a nuestra vida personal y profesional sin darnos cuenta de que el cerebro no está preparado para hacer dos o más cosas a la vez, lo que aumenta la cantidad de errores que se comenten al utilizarla, motivo por el cual en algunas ocasiones no es adecuado su uso si no se sabe gestionar correctamente este cambio de foco al realizar dichas tareas.

Para gestionar la multitarea de forma efectiva y aumentar nuestra productividad, podemos utilizar las siguientes **estrategias:**

- Priorización de tareas

- División de tareas

- Uso de herramientas

- Eliminar distracciones

- Establecimiento de límites

Ejercicios de autoevaluación
Unidad de Aprendizaje 1

1. ¿Según qué perspectiva tendemos a percibir el tiempo de forma diferente según nuestras circunstancias?

    a. La perspectiva física
    b. La perspectiva psicológica
    c. La perspectiva social
    d. La perspectiva cultural

2. Actualmente, en las sociedades occidentales el tiempo se considera como un aspecto:

    a. Generacional
    b. Personal
    c. Lineal
    d. Circular

3. Un método en el que podemos apoyarnos para identificar la forma en la que utilizamos nuestro tiempo es:

    a. El registro del tiempo
    b. El establecimiento de prioridades y metas
    c. La reducción de las distracciones
    d. Todas las opciones son correctas.

4. El elemento que nos sirve para organizar visualmente la información temporalizada es:

    a. La línea de tiempo
    b. El espacio de trabajo
    c. La gestión de las tareas
    d. El círculo temporal

5. ¿Quién planteó que el pasado ya no es, el futuro aún no es, y solo existe el presente?

    a. Albert Einstein
    b. Mihaly Csikszentmihalyi

c. San Agustín
d. La civilización azteca

6. Entre las pérdidas de tiempo más habituales se encuentran:

a. La procrastinación
b. La delegación de tareas
c. La multitarea
d. Las opciones a y c son correctas.

7. Los ladrones de tiempo nos influyen porque...

a. ... nos permiten usar herramientas digitales.
b. ... aumentan nuestra productividad.
c. ... no podemos hacer nada para evitarlos.
d. ... hemos decidido dedicarles tiempo voluntariamente.

8. Los ladrones de tiempo que escapan a nuestro control se denominan:

a. Permanentes
b. Personales
c. Internos
d. Externos

9. Entre las medidas que nos ayudan a evitar a los ladrones de tiempo NO se encuentra:

a. Aprender a decir NO.
b. Usar herramientas de productividad.
c. Excluir el uso de equipos electrónicos en la realización de las tareas.
d. Definir unas reglas de trabajo.

10. **La estrategia de gestión de tiempo orientada a la consecución de un objetivo en un periodo determinado que aumenta la productividad y reduce la procrastinación es:**

      a. El *boxing day*
      b. El *timeboxing*
      c. El *boxing work*
      d. El *unboxing*

Técnicas de organización del tiempo y del trabajo

Contenido

Objetivos

El objetivo general de esta Unidad de Aprendizaje es:

→ Definir herramientas de organización del tiempo y del trabajo.

Los objetivos específicos de esta Unidad de Aprendizaje son:

→ Analizar hábitos y factores que impactan en la administración del tiempo.

→ Diseñar planes personalizados de organización del trabajo.

→ Estructurar una hoja de ruta.

→ Identificar herramientas y metodologías de organización del tiempo.

→ Implementar estrategias de control del tiempo para asegurar el cumplimiento eficiente de las tareas y los objetivos establecidos.

1. Introducción

Debido al inconveniente de que el tiempo es un recurso limitado, el manejo adecuado de nuestras tareas, priorizando las importantes o fundamentales, marcará la diferencia entre el éxito o el fracaso del proyecto, por lo que nos podemos apoyar en distintas herramientas y estrategias que nos ayuden a mejorar nuestra productividad y la satisfacción con el trabajo realizado tanto personal como profesionalmente.

Olatz se ha dado cuenta de la importancia que adquiere el tiempo en nuestro día a día, tanto en el ámbito personal como el profesional. Cree que ha llegado el momento de aprender a gestionarlo de forma adecuada para poder realizar algunas tareas que hasta ahora no puede hacer, o que para hacerlas debe renunciar a otras. Por este motivo, quiere aprender e implantar distintas técnicas que le ayuden a gestionar mejor su tiempo y aumentar su productividad.

2. Identificación de tipos de manejo de tiempo

☞ HILO CONDUCTOR

En la empresa de Olatz cada una de las personas trabajadoras tiene su ritmo de trabajo, lo que provoca que en algunas ocasiones choquen los caracteres y los ritmos de trabajo. Por ello, Olatz quiere aprender distintas técnicas para gestionar el tiempo, después de conocer los distintos modelos de tiempo que existen.

Una vez que conozca las distintas técnicas, será capaz de desarrollar distintas estrategias para aplicarlas, lo que le permitirá elegir aquella que mejor se adapte a sus necesidades, dependiendo si se debe adaptar a los plazos o a las tareas del proyecto.

El manejo del tiempo es un aspecto fundamental para lograr tanto el éxito personal como el profesional, sin perder de vista que cada persona lo gestiona de forma diferente atendiendo a sus valores e intereses; esto provoca que, sin darnos cuenta, establezcamos unos patrones de comportamiento únicos. De acuerdo con la manera en la que gestionamos el tiempo, atendiendo a nuestros principios y objetivos podemos establecer la siguiente **clasificación:**

- **Tiempo reactivo.** Este tipo de tiempo se caracteriza por la adaptación constante a situaciones inmediatas y demandas urgentes.
- **Tiempo proactivo.** A diferencia del tiempo reactivo, el manejo proactivo del tiempo implica planificar las tareas con anticipación y establecer metas claras.
- **Tiempo orientado a las tareas.** Este tipo de tiempo se enfoca en la consecución de tareas específicas.
- **Tiempo orientado a las personas.** En contraste con el enfoque orientado a las tareas, este tipo de tiempo prioriza las relaciones y la interacción con otras personas.
- **Tiempo flexible.** El manejo flexible del tiempo se caracteriza por la capacidad de adaptarse a los cambios y por tener una planificación que permite una readecuación continua de las prioridades.
- **Tiempo intensivo.** Este tipo de tiempo se refiere a los periodos cortos y acotados en los que se intensifica la actividad o el enfoque sobre una tarea específica.
- **Tiempo estructurado.** Tiempo utilizado por aquellas personas que utilizan horarios y rutinas fijas y planificadas, asegurándose de que cada actividad tenga su espacio claramente definido.

No es habitual que utilicemos un único modelo de tiempo, sino que combinamos varios de ellos dependiendo de la situación y de los objetivos pretendidos. Entender los distintos tipos de manejo de tiempo nos ayuda a desarrollar un sentido crítico acerca de cuál es el más adecuado al enfoque y a la gestión que queremos llevar a cabo, lo que redunda en una mejora de nuestra productividad y bienestar.

2.1. El modo reloj

Una estrategia es la denominada modo reloj, basada en la precisión y en la regularidad, de forma que seamos capaces de optimizar nuestra capacidad de gestión de las tareas y el cumplimiento de los plazos establecidos de forma efectiva, basándonos en el mantenimiento de un ritmo constante y predecible a la hora de realizar los trabajos, de forma que mediante el establecimiento de rutinas y hábitos seamos capaces de mantener un flujo continuo de trabajo como sucede con las manecillas de un reloj.

Este modo se basa en la organización correcta de nuestro tiempo de forma que, si lo aplicamos correctamente, aumentaremos nuestra productividad y reduciremos los niveles de estrés debido a las actividades que se escapan de nuestro control.

El modo reloj se apoya en los siguientes **aspectos:**

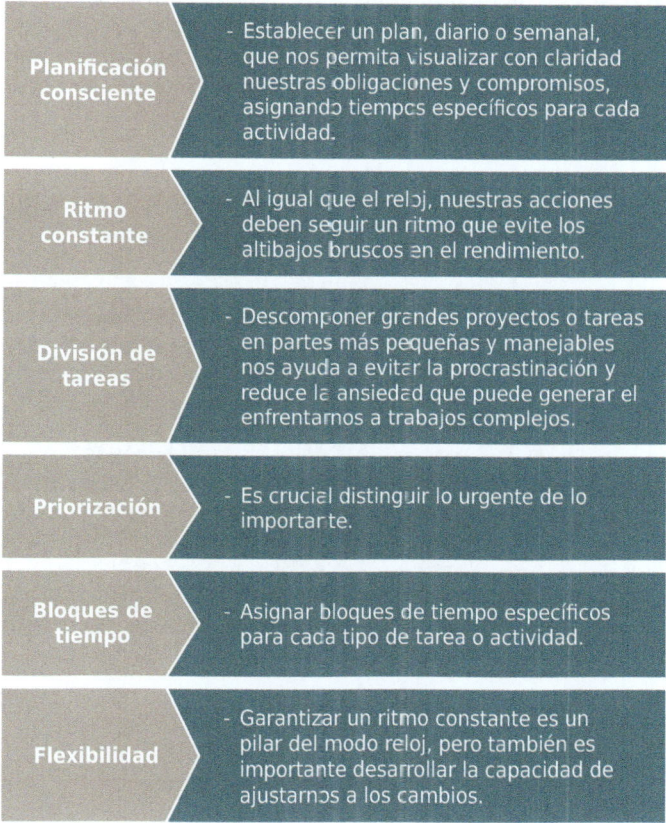

Planificación consciente	- Establecer un plan, diario o semanal, que nos permita visualizar con claridad nuestras obligaciones y compromisos, asignando tiempos específicos para cada actividad.
Ritmo constante	- Al igual que el reloj, nuestras acciones deben seguir un ritmo que evite los altibajos bruscos en el rendimiento.
División de tareas	- Descomponer grandes proyectos o tareas en partes más pequeñas y manejables nos ayuda a evitar la procrastinación y reduce la ansiedad que puede generar el enfrentarnos a trabajos complejos.
Priorización	- Es crucial distinguir lo urgente de lo importante.
Bloques de tiempo	- Asignar bloques de tiempo específicos para cada tipo de tarea o actividad.
Flexibilidad	- Garantizar un ritmo constante es un pilar del modo reloj, pero también es importante desarrollar la capacidad de ajustarnos a los cambios.

La implantación de este modo de trabajo en nuestro desempeño, tanto personal como profesional, implica una serie de **beneficios** en la organización y gestión de nuestro tiempo, entre los que se encuentran:

- **Aumento de la productividad:** la presion de las fechas límite se reduce al tener un control más exhaustivo sobre el tiempo, permitiendo cumplir tareas en los plazos acordados y de manera oportuna.
- **Reducción del estrés:** al ser más conscientes de nuestras capacidades y limitaciones, el estrés disminuye, aumentando el sentimiento de consecución de los logros y de control sobre los mismos.
- **Mejora de la calidad:** un enfoque constante y metódico incrementa la calidad y precisión del trabajo realizado al evitar la multitarea y las distracciones innecesarias.

⊃ **Incremento del tiempo libre:** al optimizar los tiempos, se generan espacios para actividades lúdico-recreativas y para el descanso, contribuyendo a un mejor equilibrio entre nuestra vida personal y profesional.

Implantar el modo reloj nos ofrece distintos beneficios, aunque también debemos tener en cuenta que podemos enfrentarnos a los siguientes **aspectos:**

Oposición al cambio
- Cambiar hábitos y adoptar nuevos enfoques puede generarnos una resistencia personal. Los cambios requieren compromiso y paciencia.

Falta de flexibilidad
- Un error común es ser demasiado estricto con los horarios, lo cual puede generarnos frustración. La adaptabilidad es una parte fundamental de esta técnica.

Sobrecarga
- El exceso de estructuras puede ser contraproducente. Se debe evitar perder más tiempo organizando que ejecutando.

IMPORTANTE

El modo reloj promueve un equilibrio entre la eficiencia en el trabajo y el disfrute del tiempo de ocio.

2.2. El modo brújula

El modo brújula se enfoca en la efectividad, asegurando que los esfuerzos se alineen con los objetivos. A diferencia del modo reloj, prioriza analizar y establecer factores clave en tareas y plazos, tanto personales como profesionales.

Implementar eficazmente el modo brújula requiere de un conjunto de **herramientas prácticas,** entre las que se encuentran:

- **Establecer los valores.** Para definir claramente las brújulas internas, es indispensable hacer un ejercicio de introspección sobre lo que realmente valoramos.
- **Establecer las prioridades.** Una vez definidos los valores, el siguiente paso es establecer las prioridades de acuerdo con estos valores, para eliminar el ruido de lo urgente resaltando lo importante.
- **Definir objetivos a largo plazo.** Definir objetivos alineados con nuestros valores, y que tienen un alcance a largo plazo, es crucial en el modo brújula.
- **Reflexión diaria.** Llevar un diario donde se registre regularmente el progreso hacia las metas importantes, los cambios en las prioridades y cualquier tendencia o interés que surja.
- **Mapa de sueños.** Crear un mapa visual que ilustre las aspiraciones y metas alineadas con los valores ayuda a mantener el rumbo.
- **Revisiones.** Establecer momentos en el calendario dedicados exclusivamente a revisar el rumbo personal.

El modo brújula, basado en el cumplimiento de los objetivos marcados, trata de eliminar las interrupciones que nos roban el tiempo y las acciones que no se alineen con los intereses y objetivos que nos hemos marcado inicialmente.

Gestionar correctamente el tiempo es equilibrar el modo reloj, que nos ayuda a centrarnos en el avance de los procesos, y el modo brújula, que garantiza que estamos enfocados correctamente en los procesos para lograr el objetivo propuesto. Para ello, debemos identificar los puntos en los que ambos modos coinciden y ajustar las prioridades de acuerdo con nuestro día a día, de forma que aumentemos nuestra productividad al estar enfocados en nuestros propósitos.

El uso del modo brújula nos ayuda a:

Reconocer los logros
- El reconocimiento y celebración de los progresos exitosos hacia nuestras metas principales ayuda a motivarnos y afina aún más la dirección.

Fomentar el aprendizaje
- Fomentar una mentalidad de curiosidad y aprendizaje continuo permite la evolución de los objetivos y de las prioridades conforme se aprende más sobre uno mismo y el entorno.

Empoderamiento
- Saber que tenemos el control sobre nuestras propias elecciones y rumbo nos otorga un sentido de empoderamiento.

2.3. La ley de Parkinson

La ley de Parkinson establece que el trabajo se expande hasta que ocupa por completo el tiempo destinado para su realización, lo que significa que tardamos más tiempo del necesario en finalizar una tarea o que procrastinamos y finalizamos la tarea justo antes de que llegue la fecha de vencimiento.

IMPORTANTE

La ley de Parkinson afirma que las tareas simples se dilatan en el tiempo debido a que se les asigna un tiempo superior al necesario para llevarlas a cabo.

- -

Ley de Parkinson
El trabajo se expande hasta que ocupa el tiempo por completo

Dedicación

Más tiempo = Mayor pérdida de tiempo
Menos tiempo = Aumento de la productividad

Tiempo óptimo para
finalizar el trabajo

Tiempo asignado

Para evitar caer en el estrés innecesario asociado a un proyecto al realizar trabajos con distracciones frecuentes, la ley de Parkinson nos recomienda que desarrollemos las siguientes **estrategias** para tratar de ser más eficientes:

- ➲ **Establecimiento de plazos justos y razonables.** La primera estrategia es definir los plazos adecuados y específicos que consigan que el trabajo se ajuste al tiempo suficiente, pero no excesivo.
- ➲ **División de tareas.** Dividir un proyecto grande en tareas más pequeñas y específicas puede ayudarnos a asignarles plazos bien definidos.

- **Uso de temporizadores.** Implementar técnicas como la técnica Pomodoro, que divide el tiempo de trabajo en intervalos (generalmente de 25 minutos), puede incrementar nuestra concentración.
- **Reducir las reuniones.** Las reuniones a menudo se expanden para llenar el tiempo asignado.
- **Establecimiento de metas a corto plazo.** Establecer metas diarias o semanales puede ayudarnos a estructurar mejor las actividades y limitar el tiempo de trabajo "libre", evitando la expansión innecesaria de las tareas.
- **Evitar la búsqueda de la perfección.** La búsqueda de la perfección contribuye significativamente al fenómeno Parkinson.
- **Realización de pausas.** Aunque pueda parecer intuitivo, hacer pausas planificadas ayuda a revitalizar y a concentrarse mejor al retomar la tarea.

Para gestionar mejor nuestro tiempo y combatir la ley de Parkinson, podemos utilizar distintas estrategias, de forma que, si conseguimos evitar que nuestro trabajo se expanda hasta ocupar todo el tiempo asignado, podremos finalizar nuestras tareas más rápido y utilizar el tiempo sobrante para realizar otras tareas o simplemente descansar.

Para tratar de evitar caer en la ley de Parkinson podemos llevar a cabo las siguientes **acciones:**

- **Planificación estratégica.** Si planificamos el trabajo estratégicamente con anticipación, será menos probable que procrastinemos y más probable que trabajemos de manera eficiente.
- **Establecimiento de plazos.** En lugar de pensar en el tiempo que tenemos para realizar el trabajo, debemos centrarnos en el tiempo que necesitamos para cada tarea y establecer así nuestros propios plazos.
- **Definición de objetivos.** El *timeboxing* es una estrategia productiva que reduce distracciones, recupera productividad y enfoca el trabajo importante.
- **Aumento de productividad.** La técnica Pomodoro, similar al *timeboxing*, consiste en trabajar en sesiones enfocadas con pausas frecuentes para aumentar la productividad y reducir el cansancio mental.
- **Herramientas de gestión.** Las herramientas de gestión de tareas ayudan a organizar el trabajo, programar fechas de entrega y priorizar tareas.

Las herramientas de gestión de tareas son excelentes, ya que nos permiten organizar nuestras jornadas de trabajo, programar fechas de entrega y asegurarnos de que tenemos suficiente tiempo para centrarnos en nuestras prioridades. Además, podemos crear listas de tareas pendientes para mantenernos al día con los proyectos, tanto para los proyectos personales como para los profesionales.

3. Aplicación de técnicas de gestión del tiempo

☞ HILO CONDUCTOR

Una vez que Olatz ha conocido y analizado la importancia que tiene el uso de las distintas técnicas de gestión del tiempo y la manera en la que estas le pueden ayudar en su desempeño personal y profesional, ha llegado el momento de utilizar distintas técnicas para implantarlas en la gestión de los proyectos. Cada técnica tiene sus propias características que la hacen idónea para la gestión de los proyectos y su elección dependerá de la importancia y del grupo de personas que trabajen.

La gestión eficiente del tiempo se ha convertido en una habilidad esencial, tanto en el ámbito personal como en el profesional. Para contrarrestar la ley de Parkinson, debemos optimizar nuestro tiempo de forma que utilicemos el tiempo adecuado para desarrollar nuestras tareas, sin alargarlo indebidamente, lo que nos permitirá disfrutar de otras actividades.

Gestionar el tiempo adecuadamente nos ayuda a reducir el estrés y la ansiedad.

Una técnica muy usada para manejar el tiempo es el establecimiento de prioridades, para lo cual podemos utilizar la **matriz de Eisenhower,** que nos ayuda a organizar y priorizar las tareas según la urgencia y la importancia de estas. Con esta herramienta repartiremos las tareas en cuatro grupos atendiendo a la prioridad de estas. Urgente e importante nos pueden parecer palabras similares, pero, al analizarlas atendiendo al principio de Eisenhower, observamos que la diferencia entre ambas es fundamental. Diferenciar entre lo urgente y lo importante dentro de la matriz de Eisenhower nos ayudará a identificar las tareas en las que nos debemos enfocar y señalar aquellas que pueden ser desempeñadas por otras personas del equipo.

Otra forma de conseguir un aprovechamiento efectivo del tiempo es utilizar la **técnica Pomodoro,** que consiste en trabajar en intervalos de 25 minutos seguidos de un breve descanso. Una vez transcurridos cuatro intervalos, se recomienda un descanso más largo que los intermedios realizados, para despejar nuestro cerebro y poder enfocarnos mejor en las tareas posteriores.

A diferencia de las anteriores, en lugar de depender de la capacidad de nuestro cerebro, la **metodología GTD** nos anima a almacenar toda la información relacionada con el trabajo en una fuente externa y organizada. El método *Getting things done* se basa en cinco etapas que nos permiten catalogar y organizar el trabajo pendiente para tratar de enfocarnos en las tareas más relevantes. Estas **etapas** son:

1- Capturar

- Antes de organizar el trabajo, primero debemos sacarlo de la memoria y plasmarlo en una herramienta externa.

2- Procesar

- Una vez capturados todos los elementos, necesitaremos procesarlos convirtiéndolos en acciones concretas, notas detalladas o contexto relevante.

3- Organizar

- Cuando procesamos la información, también debemos organizarla, para lo cual tenemos que mover las distintas tareas a la herramienta de gestión elegida.

4- Revisar

- El método GTD no significa agregar tareas a una lista y luego olvidarnos.

5- Hacer

- Ahora lo único que nos queda es realizar las tareas.

Es importante recordar que gestionar el tiempo no consiste en hacer más tareas en menos tiempo, sino que debemos hacerlas con la calidad necesaria y alineándolas con nuestros valores y metas personales.

 ACTIVIDAD COMPLEMENTARIA

2. En esta actividad debes investigar acerca de la regla de Pareto o regla del 80/20.

   Elabora un resumen con la información recopilada.

- -

3.1. Los cuatro cuadrantes de Covey: urgente e importante / importante no urgente / urgente no importante / no urgente no importante

La matriz de Covey tiene su base en los principios establecidos por Stephen R. Covey, que creía que para ser una persona efectiva es necesario enfocarse en lo que definió como "lo importante, no urgente" primando las actividades que tienen un mayor impacto a largo plazo en nuestros objetivos y valores.

La matriz de Covey clasifica todas nuestras actividades en cuatro cuadrantes, cada uno de los cuales representa un enfoque diferente atendiendo a su urgencia e importancia.

 IMPORTANTE

Stephen R. Covey, en su obra *Los 7 hábitos de la gente altamente efectiva*, presenta un modelo que cambia la forma de abordar la priorización de las tareas.

- -

A través de los cuatro cuadrantes de Covey, también denominados como matriz de administración de tiempo de Covey, priorizaremos las tareas según su urgencia e importancia, centrándonos en aquellas actividades que afectan a nuestros objetivos personales y profesionales. Para entender la matriz Covey, es importante conocer el significado de cada uno de los cuadrantes y lo que representan:

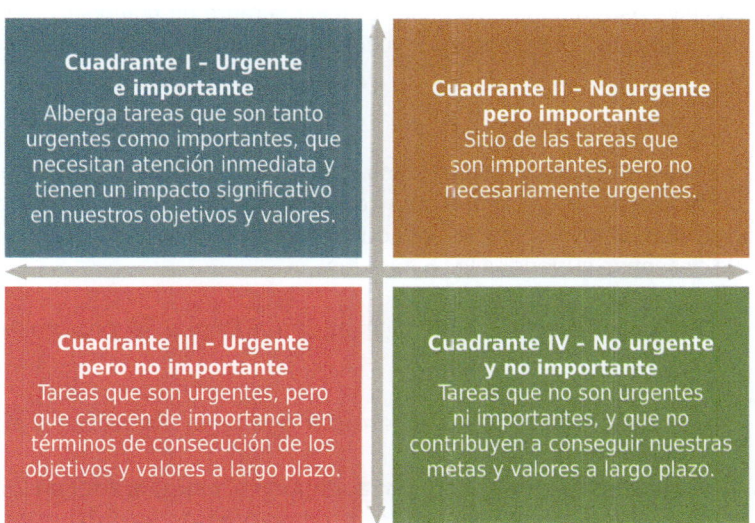

La matriz de Covey es una herramienta de ayuda para gestionar efectivamente el tiempo. Para desarrollar la matriz de Covey podemos apoyarnos en herramientas y aplicaciones informáticas para organizar y priorizar nuestras tareas.

Este modelo de gestión de tiempo no es únicamente una manera de organizar nuestro tiempo, sino que también nos ayuda a valorar y entender la manera en la que lo utilizamos, de forma que al descubrir aquellas tareas importantes nos centremos en ellas para lograr el equilibrio entre las actividades personales y profesionales.

3.2. Técnica Pomodoro

Francesco Cirillo desarrolló esta técnica a finales de los años 80, cuando era estudiante universitario. Debido a sus problemas de productividad decidió estudiar en sesiones de 10 minutos de concentración. Para medir el tiempo, utilizaba un cronómetro de cocina con forma de tomate (*pomodoro*, en italiano).

IMPORTANTE

La clave para mantener la concentración durante un pomodoro es reducir las distracciones, aunque siempre puede haber alguna que se pueda controlar.

Tras afinar el uso de esta técnica, creó la técnica Pomodoro, que nos propone alternar entre cada sesión de trabajo de 25 minutos, una de descanso de cinco minutos y, tras repetir cuatro veces el ciclo, incorporar un periodo de descanso superior a los 5 minutos.

A continuación, detallamos la manera en la que se desarrolla un ciclo completo:

- **Definición de la tarea:** determinar qué tarea, específica y alcanzable, vamos a realizar.
- **Configurar el temporizador:** configurar el temporizador en 25 minutos.
- **Trabajar durante el pomodoro:** trabajar en la tarea durante los 25 minutos establecidos sin permitir interrupciones.
- **Pausa corta:** al término del pomodoro, realizaremos una pausa breve de 5 minutos.
- **Repetir el ciclo:** una vez completados cuatro pomodoros consecutivos, debemos realizar una pausa más larga, de 15 a 30 minutos.

El uso de la técnica Pomodoro tiene múltiples **beneficios,** entre los que destacan:

- **Aumento de la motivación.** Al completar un ciclo pomodoro, consideramos que hemos alcanzado una meta, lo que puede aumentar nuestra moral y nuestra motivación para seguir trabajando.
- **Evaluación del seguimiento de tareas.** Como cada pomodoro se asocia a una tarea específica, es más fácil llevar un registro de lo que hemos hecho y evaluar el tiempo necesario para futuras tareas similares.
- **Gestión del estrés.** Los intervalos de tiempo delimitados nos permiten conocer que hay un objetivo concreto, lo que a menudo reduce la tensión asociada a las tareas extensas y agotadoras.
- **Mantiene la motivación.** Al dividir las tareas en otras más pequeñas y ocuparnos de ellas en periodos breves, aumentará nuestra satisfacción, ya que descubriremos todo lo que podemos hacer en 25 minutos.

- **Mejora de la concentración.** Al fomentar periodos de tiempo dedicados exclusivamente a una sola tarea, la técnica fomenta una mayor concentración y una reducción de las distracciones.
- **Mejora de la productividad.** El establecimiento de límites de tiempo claros nos ayuda a evitar el "síndrome del estudiante" o la procrastinación, ya que existe una presión temporal que nos impulsa a completar las tareas.
- **Planificación de proyectos.** Después de acostumbrarnos a las sesiones pomodoro, podremos planificar las tareas y proyectos con más precisión.
- **Reducción del cansancio mental.** El trabajo continuo por tareas en un tiempo prolongado puede provocar una disminución del rendimiento, mientras que tomar descansos breves entre las tareas puede ser útil para mantener la concentración.
- **Simplificación de las comunicaciones del equipo.** Si hacemos que todo el equipo use la técnica Pomodoro, todos entenderán cuáles son sus responsabilidades individuales y se logrará el respeto mutuo del tiempo dedicado a la concentración.

La técnica Pomodoro es muy versátil, pero también se enfrenta a la misma problemática que el resto de las técnicas de gestión de tiempo con respecto a las interrupciones, por lo que debemos definir momentos específicos para realizar aquellas tareas que pueden generarlas, como son la atención a las notificaciones del correo electrónico, los mensajes, contestar al teléfono, devolver llamadas, etc.

3.3. Planificación realista en el cálculo de tiempo de las actividades

En nuestro entorno, prima el dinamismo y la planificación efectiva y realista del tiempo, por lo que calcular el tiempo necesario para realizar las tareas se ha convertido en un aspecto fundamental que puede determinar el éxito o el fracaso de un proyecto. Para lo cual debemos hacer lo siguiente:

- **Establecimiento de metas.** Toda planificación eficaz comienza con la definición de unas metas claras y específicas.
- **Desglose de actividades.** Una vez definidas las metas, es útil desglosar las actividades en tareas más pequeñas y manejables.
- **Registro de tiempos.** Llevar un registro de las actividades cotidianas y el tiempo que se consume en cada una nos proporciona una referencia invaluable.
- **Uso de *buffers* de tiempo.** Incluso un planificador cuidadoso puede enfrentar imprevistos que cambian el curso del día. Incluir márgenes de tiempo entre actividades ayuda a reducir el impacto de lo inesperado.

- **Estimación según experiencias previas.** La experiencia acumulada es una fuente valiosa para mejorar las estimaciones de tiempo.
- **Flexibilidad y revisión continua.** La flexibilidad es esencial en el cálculo de los tiempos.
- **Apoyo en herramientas de planificación.** El uso de tecnología puede potenciar la capacidad de planificar de manera efectiva y realista.
- **Evaluación de capacidades.** Conocer las capacidades personales propias y las del equipo es vital para una planificación realista.

Mediante la definición clara de los objetivos, el uso de registros temporales, la inclusión de márgenes de seguridad, la evaluación de experiencias pasadas y la implantación de herramientas tecnológicas, podemos mejorar significativamente la precisión en el cálculo del tiempo que vamos a destinar a realizar las actividades.

3.4. Planificación de márgenes para imprevistos

La planificación de márgenes para imprevistos es una herramienta clave y esencial en la gestión eficaz del tiempo para las personas que buscan mejorar su productividad y reducir el estrés debido al incumplimiento de los plazos o a la sobrecarga de trabajo.

A la planificación, expuesta en el punto anterior, debemos incorporarle los márgenes de tiempo debidos a los imprevistos, de manera que dispongamos de la flexibilidad necesaria que nos permita atender emergencias o ajustar las tareas que nos han llevado un tiempo superior al que habíamos reservado para realizarlas.

Los imprevistos pueden provocar el fracaso del proyecto.

La incorporación de los márgenes de tiempo nos permite que, en un proyecto en el que se retrasa alguna tarea, no se vea afectado el cumplimiento del plazo final, para lo cual nos podemos ayudar de las siguientes **estrategias:**

Evaluación de tareas pasadas
- Revisión de las tareas y de los proyectos similares que hayamos realizado anteriormente para conocer el tiempo adicional que necesitamos frente al plan original.

Desglose de tareas
- Dividir tareas grandes en partes más manejables aclara cada componente del proyecto e identifica dónde se necesitan márgenes.

Regla del 10 - 20 %
- Añade un 10-20 % del tiempo estimado para cada actividad como margen. Por ejemplo, si una tarea tomará 10 horas, sumaremos de 1 a 2 horas adicionales para imprevistos.

Prioriza la flexibilidad
- Es fundamental no sobrecargar nuestra agenda. Deberíamos dejar días de margen sin tareas críticas para poder reorganizar actividades según lo exijan los imprevistos.

Implementar los márgenes de tiempo en la planificación tiene más beneficios que los que ofrece la propia gestión de tiempo, puesto que introduce una capa de seguridad frente al impacto negativo de los elementos inesperados, contribuyendo así al éxito del proyecto y de las tareas.

3.5. Planificación de pausas para dar lugar al surgimiento de soluciones creativas

En un mundo obsesionado con la productividad, las pausas estratégicas son fundamentales para fomentar la creatividad, mejorar el rendimiento y cuidar de uno mismo. Tanto para los equipos de trabajo como para las personas que realizan actividades creativas, la planificación de las pausas no es un lujo, sino una necesidad.

A continuación, te mostramos algunos de los **beneficios** clave:

Fomento de la productividad
- Aunque parezca contradictorio, las pausas estratégicas aumentan la productividad.

Mejora en la toma de decisiones
- El descanso permite que el cerebro recupere su claridad.

Promoción de la colaboración
- Las pausas pueden fomentar la interacción informal entre miembros de un equipo.

Estimulación de la creatividad
- Cambiar de actividad, como un paseo, leer o escuchar música, puede estimular nuevas ideas.

Todas las pausas no son iguales, por lo que también debemos planificar descansos que sean efectivos y consigan su propósito.

Las empresas pueden fomentar una cultura que valore los descansos, considerándolos como una inversión en el bienestar de sus trabajadores en lugar de verlos como si fuesen exclusivamente pérdidas de tiempo.

Algunos **consejos** que se pueden seguir para incorporar las pausas creativas son:

- **Reconocer la importancia de las pausas:** es fundamental entender que las pausas son parte integral del proceso creativo y no una pérdida de tiempo.
- **Establecer recordatorios:** utilizar alarmas o aplicaciones para establecer las pausas puede ayudarnos a mantener el hábito.
- **Crear un espacio propicio:** proporcionar un entorno tranquilo y acogedor para las pausas, dentro o fuera del lugar de trabajo, puede marcar la diferencia.
- **Evaluar y ajustar:** es importante evaluar y ajustar regularmente la efectividad de las pausas para que funcionen mejor a nivel individual y grupal.
- **Integrarlas a nivel organizacional:** fomentar una cultura organizacional que apoya las pausas creativas ayudará a los empleados a sentirse autorizados y motivados para innovar.

 **APLICACIÓN PRÁCTICA**

Antonio es una persona eficiente, pero cuando tiene que centrarse en un proyecto importante en la oficina no puede hacerlo debido a que sus compañeros le interrumpen continuamente preguntándole aspectos que, si indagasen un poco, podrían solucionar sin molestarle.

Antonio quiere que la concentración que necesita cuando tiene que centrarse en un proyecto no se vea interrumpida por las consultas de sus compañeros, ni por las notificaciones de los dispositivos electrónicos.

¿Puedes indicarle a Antonio por qué debe incorporar las pausas en el desarrollo de su trabajo para que este sea más eficiente?

Solución

Las pausas activas consisten en caminar o realizar ejercicios físicos, alejándose de la pantalla para estimular la mente y prepararla para futuros desafíos. Estas pausas pueden incluir momentos de reflexión, meditación o escritura libre con el objetivo de fomentar la creatividad. Además, las pausas contribuyen a prevenir la fatiga mental y mantener un alto rendimiento.

---

4. Aplicación de técnicas de organización general del trabajo

☞ **HILO CONDUCTOR**

Olatz ha aprendido la importancia que adquiere la eficiencia en el trabajo como herramienta fundamental para optimizar el rendimiento, y que comienza con la identificación de las prioridades y el establecimiento de las metas y objetivos que se deben cumplir. Pero se ha dado cuenta de que todos los días no se encuentra igual anímicamente, por lo que cree que los biorritmos adquieren una importancia fundamental en el desempeño del trabajo.

Aplicar distintas técnicas de organización del trabajo, además de mejorar nuestra productividad, contribuye a aumentar nuestro bienestar gracias a que conseguimos reducir el estrés y mejorar el ambiente del entorno laboral.

La aplicación de las técnicas de organización del trabajo es esencial si se desea aumentar el potencial del tiempo y los recursos disponibles, al incorporarlas sobre las tareas de forma que nuestro método de trabajo sea más eficiente y fluido y nos enfoquemos en la mejora continua.

4.1. Identificación de prioridades y objetivos

Identificar las prioridades y los objetivos propuestos es un elemento fundamental en los procesos de organización del tiempo, puesto que nos permite enfocarnos en los aspectos importantes, de forma que se alineen nuestras acciones con las metas que nos hemos propuesto.

Una vez priorizadas las tareas, el siguiente paso es definir claramente los objetivos para saber hacia dónde orientarnos, para lo que podemos usar el enfoque SMART, que establece que los objetivos deben tener las siguientes **características:**

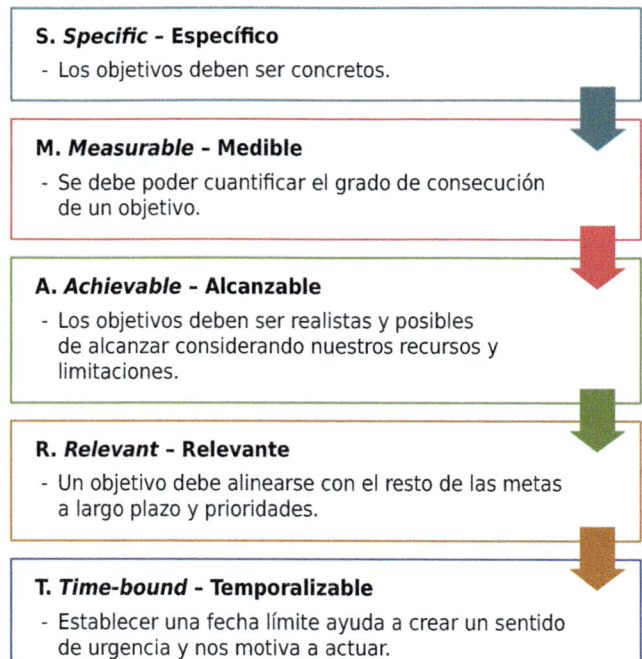

S. *Specific* - Específico
- Los objetivos deben ser concretos.

M. *Measurable* - Medible
- Se debe poder cuantificar el grado de consecución de un objetivo.

A. *Achievable* - Alcanzable
- Los objetivos deben ser realistas y posibles de alcanzar considerando nuestros recursos y limitaciones.

R. *Relevant* - Relevante
- Un objetivo debe alinearse con el resto de las metas a largo plazo y prioridades.

T. *Time-bound* - Temporalizable
- Establecer una fecha límite ayuda a crear un sentido de urgencia y nos motiva a actuar.

Tanto las prioridades como los objetivos son elementos cambiantes que nos obligan a adaptarnos en el caso de que algún imprevisto altere nuestro enfoque o se produzcan cambios en nuestras prioridades, por lo que su revisión regular nos asegurará que dichas tareas se alinean con nuestras metas. Para identificar las prioridades y los objetivos podemos trabajar sobre los siguientes **aspectos:**

- ⤷ **Autoconciencia:** conocerse a uno mismo es fundamental.
- ⤷ **Preguntas clave:** debemos preguntarnos acerca del impacto que tiene no completar la tarea y si la actividad que estamos llevando a cabo contribuye a nuestros objetivos a largo plazo.
- ⤷ **Planificación:** una buena práctica consiste en incluir al equipo de trabajo en la identificación de las prioridades y en el establecimiento de los objetivos, lo que mejorará su compromiso.
- ⤷ **Flexibilidad:** las circunstancias cambian, y debemos estar preparados para adaptar nuestras prioridades y objetivos de manera consecuente.
- ⤷ **Evaluación:** el seguimiento de nuestro progreso nos proporciona la oportunidad de ajustar las estrategias según el avance logrado.

4.2. Organización de hojas de ruta

Dentro del mundo empresarial, una de las herramientas más utilizadas para lograr los objetivos a largo plazo y asegurar que todos los esfuerzos se alinean con los objetivos propuestos es la organización mediante el uso de las hojas de ruta. Las hojas de ruta (*roadmap,* en inglés) son planes estratégicos que visualizan los pasos que deben seguirse para alcanzar un objetivo específico. Su propósito es proporcionarnos una visión clara y detallada de los hitos, las tareas y los recursos necesarios para lograr el objetivo dentro de un marco temporal determinado.

Organizar una hoja de ruta no consiste únicamente en realizar un listado de tareas o marcar fechas, sino que es un proceso que debe alinearse con la visión y con los objetivos generales del proyecto o de la empresa. Algunos pasos clave para estructurar una hoja de ruta eficaz son:

- ⤷ **Definición del objetivo.** Para crear una hoja de ruta se debe tener una idea clara de lo que se desea lograr.
- ⤷ **Establecimiento de hitos.** Los hitos son los logros importantes que marcan el progreso del proyecto.
- ⤷ **Desglose de tareas y responsabilidades.** Una vez definidos los hitos, hay que desglosar las tareas que deben realizarse para alcanzarlos.

- ➲ **Priorización de tareas.** No todas las tareas son iguales. Es fundamental priorizar las que tienen un mayor impacto o que son más urgentes para el éxito de la hoja de ruta.
- ➲ **Asignación de recursos.** Una hoja de ruta, además de necesitar tiempo y tareas, también debe incluir los recursos necesarios para llevar a cabo el proyecto.
- ➲ **Revisión y ajuste.** Una hoja de ruta es un documento vivo que puede requerir ajustes a medida que avanza el proyecto.

Organizar una hoja de ruta efectiva debe convertirse en una filosofía de trabajo que trate de asegurar que todo el equipo avanza eficientemente hacia la consecución del objetivo propuesto y que está alineado con este. Evaluar y ajustar la hoja de ruta es clave para el éxito del proyecto. Programar revisiones de forma regular permite analizar el progreso, identificar aspectos de mejora y realizar cambios en la planificación para ajustar los objetivos al proyecto y a nuestro desempeño personal y profesional.

 TAREA 2

Antonio quiere implantar en su empresa un sistema que trate de asegurar que los pasos que se dan en el trabajo diario son los adecuados para alcanzar el objetivo propuesto, por lo que quiere establecer una hoja de ruta, puesto que en la última formación que realizó sobre gestión de tiempo le pareció una buena opción para asegurar el éxito de los proyectos.

¿Puedes ayudarle indicándole cuáles son los pasos que debe seguir para implantar este modelo en sus proyectos?

4.3. Aprovechamiento de los biorritmos personales

La productividad se ha vuelto un aspecto crucial, lo que nos obliga a maximizar nuestras habilidades organizativas y sincronizarlas con nuestros ritmos biológicos para conseguir una mejor gestión del tiempo.

DEFINICIÓN

Biorritmos

Son los ritmos biológicos que afectan a distintos aspectos de nuestra fisiología y comportamiento. Existe la creencia de que estos ciclos están regulados por factores internos, como los genéticos, y factores externos, como la luz del sol o la temperatura.

- -

Los biorritmos dependen de su duración y su naturaleza, y pueden ser de distintos **tipos:**

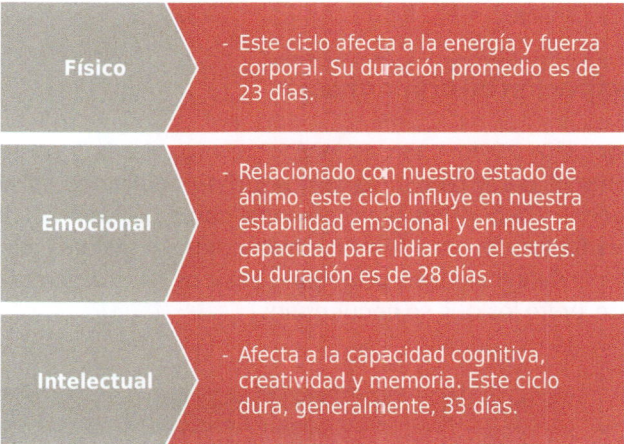

Físico
- Este ciclo afecta a la energía y fuerza corporal. Su duración promedio es de 23 días.

Emocional
- Relacionado con nuestro estado de ánimo, este ciclo influye en nuestra estabilidad emocional y en nuestra capacidad para lidiar con el estrés. Su duración es de 28 días.

Intelectual
- Afecta a la capacidad cognitiva, creatividad y memoria. Este ciclo dura, generalmente, 33 días.

El concepto de los biorritmos se popularizó entre los años 70 y 80; la idea de que las personas estamos regidas por ritmos biológicos tiene raíces más profundas en la medicina tradicional y la ciencia. Hay que señalar que los biorritmos no se deben tomar como elementos determinantes en todos los aspectos de nuestra vida. Para mejorar nuestra vida, podemos aprovechar los biorritmos siguiendo los siguientes **pasos:**

- **Identificar nuestro ritmo natural.** El primer paso es conocer cuándo nuestro cuerpo está en su pico de energía, creatividad o concentración.
- **Sincronizar las actividades.** Si sabemos que por la mañana tenemos más energía física y mental, debemos organizar las tareas que requieran concentración y esfuerzo físico en esos momentos.

- **Cuidar el descanso.** El descanso es esencial para el buen funcionamiento de los biorritmos.
- **Gestionar el estrés.** Los biorritmos emocionales tienden a oscilar a lo largo del mes.
- **Cuidar la alimentación.** El ciclo físico influye en cómo nos sentimos energéticamente durante el día.
- **Tomar decisiones.** El ciclo intelectual, relacionado con la claridad mental y la capacidad de tomar decisiones racionales, tiende a seguir un patrón específico.

A pesar de que los biorritmos están influenciados por factores internos, también podemos entrenar nuestro cuerpo para que se ajuste a los nuevos horarios o estilos de vida. La clave es la consistencia. Cambiar nuestros hábitos poco a poco, ajustando los horarios de descanso, puede ayudarnos a modificar el ritmo circadiano y mejorar la productividad durante el día.

4.4. Organización de la información

Acceder a la información es fácil, pero organizarla y gestionarla adecuadamente es clave para mejorar nuestra productividad, eficiencia, toma de decisiones y seguridad, tanto personal como profesional. Una información bien estructurada garantiza un mayor control y mejores resultados. Es fundamental definir algunos **principios básicos** de la organización de la información, entre los que se encuentran:

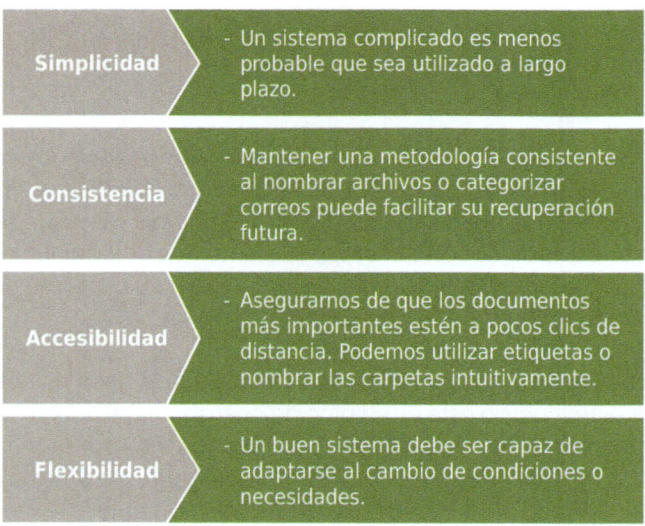

Simplicidad	- Un sistema complicado es menos probable que sea utilizado a largo plazo.
Consistencia	- Mantener una metodología consistente al nombrar archivos o categorizar correos puede facilitar su recuperación futura.
Accesibilidad	- Asegurarnos de que los documentos más importantes estén a pocos clics de distancia. Podemos utilizar etiquetas o nombrar las carpetas intuitivamente.
Flexibilidad	- Un buen sistema debe ser capaz de adaptarse al cambio de condiciones o necesidades.

La tecnología ofrece herramientas digitales para organizar información, como gestores de tareas *(Trello, Asana)*, almacenamiento en la nube *(Google Drive, iCloud)* y aplicaciones de notas *(OneNote, Google Keep)*. También permite optimizar el uso del correo electrónico mediante carpetas, reglas y filtros para una gestión más eficiente.

Los biorritmos se pueden modificar y cada persona tiene los suyos propios.

Organizar la información es una parte esencial en el manejo eficiente del tiempo y de los recursos. Al integrar las herramientas digitales y las prácticas físicas optimizaremos nuestra capacidad para gestionar la información crítica, favoreciendo el éxito en las tareas propuestas.

4.5. Reducción de estímulos externos para lograr un trabajo de organización serial evitando una atención parcial continua

La productividad académica y laboral se ve afectada por estímulos externos y la atención parcial continua, que disminuyen el rendimiento en tareas complejas. La organización serial, basada en realizar tareas en un orden lógico y sistemático, requiere de una atención sostenida y de estrategias eficaces para manejar la información.

 **NOTA**

Las notificaciones son un elemento estresor, debido al sonido que emiten al recibirlas.

Para lograr un trabajo de organización serial eficaz y evitar los efectos negativos de la atención parcial continua, se pueden seguir las siguientes **estrategias clave**:

- **Crear un entorno de trabajo sin distracciones.** Para mejorar la concentración en tareas organizadas de forma secuencial, es bueno crear un ambiente de trabajo que limite las distracciones externas.
- **Establecer periodos de trabajo sin interrupciones.** Practicar la técnica de los bloques de tiempo es otra estrategia efectiva, consistente en dedicar bloques de tiempo específicos a una única tarea, sin interrupciones.
- **Utilizar técnicas para mejorar la atención.** El *mindfulness* o atención plena es una técnica que se centra en la concentración total en el momento presente, evitando distracciones o pensamientos ajenos.
- **Implementar un sistema de gestión de tareas.** Usar herramientas de gestión de tareas, como listas de verificación, aplicaciones o notas en papel, nos ayuda a estructurar y realizar tareas en un orden lógico.
- **Evitar la multitarea.** Uno de los mayores enemigos del trabajo de organización serial es la multitarea
- **Establecer métodos de retroalimentación.** La organización serial mejora con retroalimentación constante, ayudando a ajustar secuencias rápidamente cuando es necesario.

Implementar estrategias enfocadas en la reducción de los estímulos externos, además de generar un mejor ambiente de trabajo, tiene múltiples **beneficios** añadidos:

> **Mejora de la concentración y claridad mental**
> - Al minimizar las distracciones, las personas reportamos una mayor capacidad para llevar a cabo tareas complejas y disfrutar de un estado mental más claro.

Continúa en página siguiente >>

<< Viene de página anterior

Incremento de la calidad del trabajo
- Con una concentración profunda viene una mayor atención al detalle, lo que provoca un trabajo más minucioso y menos propenso a errores.

Reducción del estrés
- Un entorno laboral menos caótico y más controlado disminuye los niveles de estrés y ansiedad.

Aumento de la satisfacción laboral
- Experimentar una sensación de logro al completar tareas sin distracciones se traduce en una mayor satisfacción con el propio trabajo y con el rendimiento.

 EJEMPLO

Isabel trabaja como gestora de proyectos en una empresa y últimamente está teniendo problemas para terminar sus informes y trabajos en los plazos establecidos debido a las constantes interrupciones que sufre. Al analizar su entorno descubrió que las notificaciones de su teléfono móvil de empresa y de los correos electrónicos que recibe eran su principal fuente de distracción.

Para remediar esto, Isabel ha tomado las siguientes medidas:

1. Reconfiguración del espacio físico ha colocado el escritorio de espaldas a la ventana y colocó un vinilo adhesivo sobre la mitad de ella para reducir los estímulos externos.
2. Establecimiento de horarios: ha establecido un horario para revisar correos y, mientras redacta los informes y documentos importantes, ha decidido utilizar unos auriculares.

Con estos cambios, Isabel ha conseguido mejorar la productividad y reducir el estrés de forma considerable.

4.6. Tareas elefante y tareas ratón

En productividad, las tareas se dividen en dos categorías: **elefante** (grandes, complejas y abrumadoras) y **ratón** (pequeñas, rápidas y simples). Mientras que las tareas ratón son fáciles de completar, un exceso de tiempo en ellas puede descuidar las tareas elefante, que exigen enfoque y compromiso. Abordarlas adecuadamente requiere **estrategias** específicas para gestionar ambos tipos de tarea sin perder productividad:

- **Dividir las tareas elefante en subtareas.** Una forma efectiva de abordar una tarea elefante es dividirla en tareas más pequeñas, o subtareas, que sean manejables.
- **Aplicar la regla de los dos minutos a las tareas ratón.** Para tareas rápidas, aplica la regla de los dos minutos: si puedes completar una tarea en menos de dos minutos, hazla de inmediato.
- **Priorizar y programar las tareas elefante y ratón.** Tanto las tareas elefante como las ratón tienen que ser gestionadas dentro de un marco de tiempo adecuado.
- **Eliminar o delegar tareas ratón.** Si las tareas ratón se acumulan y empiezan a consumirnos mucho tiempo, es útil delegarlas a otros o incluso eliminarlas si no son esenciales.
- **Crear rutinas de trabajo equilibradas.** Un equilibrio saludable entre las tareas elefante y ratón es fundamental.

4.7. Organización previa de las reuniones

Organizar las reuniones a conciencia antes de llevarlas a cabo es una herramienta clave en la gestión efectiva del tiempo y en la productividad de los equipos de trabajo. Para ello, nos podemos ayudar de las siguientes **recomendaciones:**

- **Definición clara de objetivos:** antes de planificar una reunión, es esencial definir claramente sus objetivos.
- **Selección y comunicación de los aspectos a tratar:** una agenda bien estructurada es la columna vertebral de una reunión productiva.
- **Invitación a las personas correctas:** elegir quiénes deben asistir a una reunión es crucial.
- **Asignación de roles y responsabilidades:** cada reunión debe asignar previamente los roles a ciertos miembros del grupo.
- **Planificación logística:** la logística debe incluir la selección del lugar adecuado para la reunión, la organización de los equipos y la gestión de la tecnología necesaria para facilitar la reunión.

➲ **Preparación de materiales:** distribuir los materiales de antemano es una práctica efectiva para mejorar la calidad de las discusiones durante la reunión.

➲ **Previsión de escenarios:** la previsión ayuda a identificar los posibles cuellos de botella o temas conflictivos que puedan surgir durante la reunión.

➲ **Análisis de costes:** considerar el coste de la reunión en términos de tiempo y recursos permite tomar decisiones más informadas sobre su necesidad y formato.

➲ **Revisión y ajustes:** la organización de las reuniones es un proceso que mejora constantemente gracias a la evaluación.

IMPORTANTE

Planificar y organizar reuniones es esencial para garantizar su eficacia, cumplir objetivos y optimizar el tiempo de los participantes. La clave está en una preparación estratégica y en el uso eficiente de recursos para lograr el mejor desempeño.

4.8. Organización del espacio de trabajo

Tener un espacio de trabajo organizado es esencial para maximizar nuestra eficiencia y mantener un equilibrio saludable entre la vida personal y laboral, tanto si trabajamos en una oficina tradicional como si trabajamos en casa o remotamente.

Un escritorio desordenado no ayuda a la eficiencia personal o profesional.

Algunas **pautas** que pueden ayudarnos a mantener la organización del espacio de trabajo son:

- **Definir nuestro espacio de trabajo.** Si trabajamos desde casa, es fundamental que definamos un área específica para trabajar, separada de otras actividades cotidianas.
- **Utiliza una silla y una mesa adecuadas.** La comodidad física es crucial para mantener una buena postura y evitarnos problemas de salud a largo plazo.
- **Elimina el desorden.** Un espacio de trabajo desordenado puede aumentar nuestro estrés y disminuir la concentración.
- **Busca una iluminación adecuada.** La iluminación tiene un impacto directo en nuestra energía y concentración.
- **Optimiza la tecnología.** La tecnología juega un papel crucial en cualquier espacio de trabajo, pero, a menudo, los cables desordenados o dispositivos innecesarios pueden crear caos y distracción.
- **Incorpora elementos que fomenten la concentración y la creatividad.** Dependiendo del tipo de trabajo que realicemos, algunos elementos pueden ayudarnos a mantener el enfoque y estimular nuestra creatividad.
- **Revisa el espacio regularmente.** Un espacio de trabajo organizado requiere de un correcto mantenimiento.
- **Cuida el bienestar.** Nuestro espacio de trabajo no solo debe ser funcional, sino también un lugar donde nos sintamos cómodos y motivados.

4.9. Organización de delegación de tareas

Delegar tareas es clave para líderes y gestores, ya que distribuye el trabajo, fortalece al equipo, fomenta la confianza y mejora la productividad. Una delegación eficaz optimiza recursos, libera tiempo y garantiza resultados oportunos.

Delegar tareas consiste en transferir la responsabilidad de realizar una tarea o tomar una decisión, generalmente de un mando a un subordinado. Es una estrategia que considera habilidades, carga de trabajo y desarrollo del delegado. Una delegación adecuada aporta múltiples beneficios. Delegar adecuadamente ofrece distintas **ventajas,** entre las que destacan:

Aumento de la productividad
- Al distribuir la carga de trabajo adecuadamente, los líderes pueden centrarse en tareas de alta prioridad que requieren su atención directa.

Desarrollo de habilidades
- Los empleados tienen la oportunidad de desarrollar nuevas habilidades y asumir responsabilidades adicionales, lo cual es fundamental para su crecimiento profesional.

Motivación del equipo
- Cuando se delegan tareas de manera equitativa y respetuosa, los miembros del equipo se sienten valorados y motivados, lo que puede conducir a mayores niveles de compromiso.

Ayuda en la toma de decisiones
- Una diversidad de perspectivas puede enriquecer la calidad de las decisiones empresariales y conducir a resultados positivos.

Para delegar las tareas eficazmente es recomendable cuidar los siguientes **aspectos:**

- **Conoce las fortalezas y debilidades del equipo.** Antes de delegar cualquier tarea, es fundamental conocer a fondo las habilidades, fortalezas y debilidades de cada miembro del equipo.
- **Establece las tareas a delegar.** No todas las tareas son adecuadas para ser delegadas.
- **Define las expectativas.** Una de las principales razones por las que fallan las delegaciones es la falta de claridad en las expectativas.
- **Delega la autoridad.** Al delegar una tarea, también se debe delegar la autoridad para tomar decisiones dentro del marco de esta.
- **Fomenta la comunicación.** La comunicación es clave en todo el proceso de delegación.
- **Implanta un sistema de seguimiento y control.** Un sistema de seguimiento efectivo es fundamental para asegurarnos de que las tareas delegadas se realizan según lo planeado.
- **Promociona la autonomía y el aprendizaje continuo.** La delegación no debe ser vista como una acción puntual, sino como una oportunidad para desarrollar al equipo.
- **Reconoce y celebra los logros.** La delegación no solo se trata de repartir tareas; también es importante reconocer el esfuerzo y el éxito.

5. Resumen

La gestión eficiente del tiempo es crucial para aumentar la productividad y reducir el estrés en un entorno lleno de demandas y distracciones. Para ello, se debe seguir el siguiente proceso si se quiere lograr el éxito en los proyectos.

Herramientas como la ley de Parkinson, los cuatro cuadrantes de Covey y la técnica Pomodoro ayudan a priorizar tareas y optimizar el rendimiento, complementándose con márgenes para imprevistos y pausas para una planificación efectiva, para lo cual se debe:

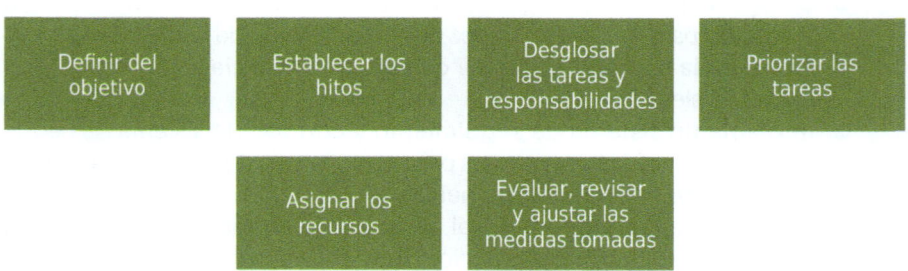

Preparar las reuniones y tener un espacio de trabajo organizado es esencial para maximizar nuestra eficiencia y mantener un equilibrio saludable entre la vida personal y laboral.

Ejercicios de autoevaluación
Unidad de Aprendizaje 2

1. ¿Cuál de las siguientes opciones NO corresponde con un tipo de tiempo?

    a. Tiempo reactivo
    b. Tiempo equilibrado
    c. Tiempo estructurado
    d. Tiempo flexible

2. El modo reloj se apoya en...

    a. ... la planificación consciente.
    b. ... la división de tareas.
    c. ... la flexibilidad.
    d. Todas las opciones son correctas.

3. El modo que se basa en la gestión efectiva del tiempo orientándolo al trabajo es:

    a. El modo reloj
    b. El modo ratón y elefante
    c. El modo gato y ratón
    d. El modo brújula

4. La ley de Parkinson establece que...

    a. ... estiramos las tareas hasta completar el total del tiempo asignado.
    b. ... el espacio de trabajo debe estar siempre ordenado.
    c. ... la gestión de las tareas debe hacerse exclusivamente de manera digital.
    d. ... hay que usar un cronómetro para ejecutar las tareas.

5. Una técnica que nos ayuda a gestionar y priorizar de manera eficiente el tiempo y las tareas es:

    a. Realizar primero las tareas de mayor tamaño.
    b. El diagrama de Gantt

c. La matriz de Eisenhower
d. Realizar las tareas según nos las van asignando.

6. El método *Getting things done* se basa en las etapas:

a. Capturar, procesar y organizar.
b. Delegar tareas y multitarea.
c. Revisar y hacer.
d. Las opciones a y c son correctas.

7. Gestionar el tiempo consiste en...

a. ... hacer las tareas con la calidad necesaria.
b. ... hacer más tareas en menos tiempo.
c. ... hacer las tareas alineando las acciones con nuestros valores y metas personales.
d. Las opciones a y c son correctas.

8. Un cuadrante que no existe en la matriz de Covey es:

a. Urgente e importante
b. No urgente e importante
c. Urgente y no importante
d. Muy urgente y muy importante

9. La técnica Pomodoro establece que...

a. ... el tiempo mínimo de los *pomodoros* debe ser de 5 minutos.
b. ... si los *pomodoros* superan los 30 minutos, no se deben hacer descansos.
c. ... cada 4 *pomodoros* el tiempo de descanso debe ser mayor.
d. ... cada 2 *pomodoros* el tiempo de descaso debe ser mayor.

10. Definimos imprevisto como...

a. ... un evento o situación que escapa de nuestro control.
b. ... un evento o situación que no se puede controlar.
c. ... un evento o situación que no se puede prever con exactitud.
d. Todas las opciones son correctas.

Principales modelos de productividad personal

Contenido

Objetivos

El objetivo general de esta Unidad de Aprendizaje es:

→ Explicar diferentes modelos de productividad personal.

Los objetivos específicos de esta Unidad de Aprendizaje son:

→ Analizar y comparar los distintos modelos de productividad personal.

→ Aplicar los modelos de productividad a casos prácticos.

→ Crear un entorno de trabajo sin distracciones usando la técnica Pomodoro.

→ Reflexionar sobre la adaptación personal de los modelos.

1. Introducción

En el ámbito profesional actual, es fundamental gestionar bien nuestro tiempo, energía y recursos. No existe una única manera de aumentar nuestra productividad; debemos elegir la técnica que mejor se adapte a cada proyecto para maximizar nuestro rendimiento personal y profesional.

La productividad personal no es estática, pues distintos modelos nos ayudan a gestionar mejor nuestro tiempo y ser más eficientes, adaptándose a nuestras necesidades particulares.

Una amiga de Olatz quiere implantar un sistema de productividad en su empresa. Por eso se reunirá con ella para explicar los aspectos relevantes y los beneficios de la gestión del tiempo a nivel profesional y personal, usando ejemplos prácticos.

2. Clasificación de los diferentes modelos de productividad personal

👉 **HILO CONDUCTOR**

Olatz sigue interesada en las herramientas y metodologías de gestión del tiempo, por lo que ha decidido investigar en otras modalidades. Por ello, profundizará en los modelos de David Allen, el de Bárbara Berckhan y el de Leo Babauta que, aunque comparten la intención de aumentar la eficiencia y reducir el estrés, se diferencian en su enfoque y en las herramientas que sugieren utilizar para conseguir dicha eficiencia.

- -

Como se ha mostrado en las unidades de aprendizaje anteriores, la productividad personal depende del enfoque que se le quiera dar y de la técnica a utilizar. Cada modelo tiene sus principios, sus herramientas y sus técnicas, dependiendo su elección de los objetivos, las circunstancias y la persona encargada de implantarlo.

Podemos realizar una primera clasificación de los **modelos de productividad** agrupados por sus **características y objetivos**:

⮑ **Modelos estructurados y sistemáticos.** Estos modelos crean un sistema sólido para gestionar tareas y compromisos. Son ideales para quienes prefieren reglas claras y una estructura detallada para mantener el enfoque y la organización.

   ◉ **GTD - *Getting things done* - David Allen.** Este modelo es conocido por liberar la mente del caos y la sobrecarga de tareas mediante un sistema organizado en cinco etapas: capturar, clasificar, organizar, revisar y ejecutar.
   ◉ **Método Ivy Lee.** El método Ivy Lee, más simple que el GTD, se enfoca en planificar diariamente para aumentar la productividad.
   ◉ **Matriz de Eisenhower.** Este modelo clasifica tareas por urgencia e importancia en cuatro cuadrantes: urgente e importante, no urgente pero importante, urgente pero no importante, y no urgente ni importante.

⮑ **Modelos basados en el minimalismo y en la simplicidad. Estos modelos reducen la sobrecarga de información y tareas, simplificando procesos y enfocándose en lo esencial.**

   ◉ ***Zen Habits* - Leo Babauta.** Leo Babauta propone un enfoque minimalista que reduce tareas y compromisos, enfocando la energía en lo esencial.
   ◉ **Productividad consciente - Bárbara Berckhan.** Bárbara Berckhan propone integrar productividad y bienestar emocional mediante la productividad consciente.

⮑ **Modelos de gestión del tiempo.** Estos modelos se centran en gestionar el tiempo eficientemente para mejorar la productividad, evitando la procrastinación y manteniéndose enfocado por más tiempo.

   ◉ **Técnica Pomodoro - Francesco Cirillo.** Este modelo gestiona el tiempo con bloques cortos de trabajo y descansos.
   ◉ ***Time blocking* - Bloqueo de tiempo.** El *time blocking* asigna bloques de tiempo específicos para diferentes actividades.
   ◉ **Regla 1-3-5.** La regla 1-3-5 es un método que sugiere completar una tarea grande, tres medianas y cinco pequeñas cada día.

⮑ **Modelos de autogestión y desarrollo personal.** Los modelos de productividad personal buscan mejorar tanto las tareas y el tiempo como la autodisciplina, la motivación y la gestión de obstáculos.

   ◉ **Regla de los 2 minutos.** David Allen recomienda, en su método GTD, aplicar la regla de los 2 minutos: si una tarea tarda menos de dos minutos en realizarse, hazla de inmediato.

◔ **Método de los 5 porqués (5 *whys*).** Esta técnica Lean se usa para identificar la raíz de un problema. Consiste en preguntar "¿por qué?" repetidamente hasta encontrar la causa fundamental.

◔ **Bullet journal.** El *bullet journal,* creado por Ryder Carroll, es un sistema de organización que utiliza un cuaderno para listar tareas, eventos y pensamientos.

➲ **Modelos de productividad creativa.** Estos modelos están dirigidos a quienes trabajan en procesos creativos y necesitan gestionar la creatividad sin sofocarla, equilibrando libertad con metas concretas.

◔ **Matriz de prioridades de la creatividad.** Este modelo ayuda a identificar tareas y proyectos creativos importantes y urgentes, permitiendo gestionar la creatividad de manera eficiente.

La clasificación de los modelos de productividad personal demuestra que no hay un enfoque único para todos. Cada uno tiene principios y herramientas adecuados a diversas necesidades, estilos y objetivos. Experimentar y ajustar estos modelos nos ayuda a encontrar el que equilibre mejor la productividad y el bienestar.

 ## ACTIVIDAD COMPLEMENTARIA

3. Imagina que trabajas en un equipo responsable de llevar a cabo un evento para tu empresa y debes priorizar las tareas para conseguir que todo esté perfectamente organizado el día del evento.

Entre las tareas que tienes que realizar se encuentran las siguientes:

· Contratar el servicio de *catering.*
· Diseñar y enviar las invitaciones.
· Decorar la ubicación del evento.
· Coordinar los discursos.
· Revisar los equipos audiovisuales.
· Gestionar la lista de asistentes confirmados.
· Preparar el cronograma del evento.
· Confirmar el transporte para los asistentes clave.
· Organizar la logística del material de *marketing.*

Aplicando la metodología 1-3-5, categoriza las tareas recordando que esta metodología se basa en el establecimiento de 1 tarea importante, 3 tareas de importancia media y 5 tareas secundarias.

2.1. El modelo de productividad de Bárbara Berckhan

El modelo de productividad de Bárbara Berckhan es una innovadora propuesta que busca maximizar el rendimiento individual, y asegurar el bienestar personal y profesional a largo plazo. A diferencia de otros modelos que tienden a centrarse en técnicas meramente cuantitativas o de gestión de tiempo, Berckhan aborda la productividad desde una perspectiva holística.

 SABÍAS QUE...

Bárbara Berckhan desarrolló su modelo inspirándose en la creciente preocupación por los efectos adversos del *burnout* o agotamiento laboral. Berckhan observó que la productividad sostenida no puede lograrse sin considerar el equilibrio emocional y físico del individuo.

Berckhan enfatiza el **cómo** y **por qué** trabajamos, buscando alinear nuestras tareas con nuestros valores y objetivos personales. Su enfoque promueve una productividad basada en la autocomprensión y el bienestar, alejándonos de la presión de "hacer más" y acercándonos a un estilo de vida equilibrado.

Según Berckhan, no se trata solo de cumplir tareas, sino de que estas reflejen lo que realmente importa en nuestras vidas. Este método combina eficiencia y reflexión para lograr productividad y realización personal.

A diferencia de los modelos rígidos, la productividad consciente se centra en el autoconocimiento. ¿Por qué hacemos lo que hacemos? ¿Qué tareas nos acercan a nuestras metas y cuáles nos distraen? Estas preguntas guían el modelo de Berckhan y nos ayudan a tomar decisiones informadas sobre nuestro tiempo.

Los principios fundamentales del modelo de productividad consciente

El modelo de productividad consciente de Bárbara Berckhan se basa en varios principios clave que buscan equilibrar nuestras responsabilidades con nuestras necesidades emocionales y psicológicas:

Eliminación de lo superfluo
- Uno de los pilares del enfoque de Berckhan es reducir el ruido.

Enfoque en lo que importa
- En lugar de simplemente completar tareas, el modelo de Berckhan pone el foco en trabajar de manera significativa las tareas más importantes que nos acercan a nuestras metas.

Escucha activa y autocompasión
- Berckhan nos invita a ser conscientes de nuestra energía, nuestras emociones y nuestras motivaciones a lo largo del día.

La pausa y el descanso
- El modelo de productividad consciente hace un llamamiento a la importancia del descanso y del autocuidado.

La adaptación continua
- La productividad consciente también nos enseña a ser flexibles. A medida que cambian nuestras circunstancias, nuestras prioridades también deben hacerlo.

La autocomprensión y la revisión periódica de nuestros objetivos son esenciales para mantenernos enfocados y motivados, y para evitar caer en la trampa del **trabajo mecánico** que nos genera insatisfacción.

El modelo de productividad de Bárbara Berckhan es un sistema integrado que se apoya en tres pilares fundamentales: la **alineación personal,** la **optimización de tareas** y la **regeneración activa.** Las **características** de cada uno de ellos se describen a continuación:

- **Alineación personal.** Este pilar trabaja la importancia de que nuestras actividades diarias estén alineadas con nuestros valores y objetivos más profundos. Esto, además de aumentar el rendimiento, también proporciona una sensación de propósito y satisfacción.
- **Optimización de tareas.** La optimización de tareas, según Berckhan, va más allá de las técnicas tradicionales de gestión del tiempo. Berckhan aboga por la calidad de las tareas sobre la cantidad.
- **Regeneración activa.** La regeneración activa sitúa el descanso y la reinvención como componentes esenciales de la productividad sostenida.

Adoptar un enfoque de productividad consciente puede ser transformador, puesto que nos ayuda a ver nuestras tareas y objetivos desde una perspectiva reflexiva, lo que mejora nuestra satisfacción y nuestro bienestar general, al dejar de sentir que corremos sin rumbo o que la cantidad de tareas por hacer nos desbordan y no nos dejan disfrutar de nuestra vida.

RECUERDA

Este modelo de productividad nos permite trabajar de manera más alineada con nuestros valores y reducir el estrés.

- -

Para implementar el modelo de productividad de Bárbara Berckhan, necesitamos un enfoque estructurado y flexible, adaptándonos y reevaluando hábitos. El **ciclo de evaluación productiva** implica revisar mensualmente metas personales y profesionales, calidad del trabajo y bienestar integral, para ajustar y mejorar continuamente.

El modelo de Berckhan equilibra eficiencia y eficacia, rendimiento y bienestar, trabajo y descanso. Promueve no solo una mayor productividad, sino también salud mental y satisfacción personal.

2.2. El modelo de productividad de David Allen

Seguro que alguna vez te has sentido abrumado por la cantidad de tareas pendientes que tienes y no sabes por dónde empezar. David Allen, el creador del popular método GTD *(getting things done),* tiene una posible solución. Su modelo de productividad no solo nos ayuda a gestionar nuestras tareas, sino que también optimiza el enfoque mental, permitiéndonos trabajar de manera más eficiente y relajada.

El sistema GTD se basa en liberar tu mente de la sobrecarga de tareas y convertir el caos en un flujo de trabajo organizado. A través de cinco pasos clave, puedes alcanzar una productividad sin estrés. Estos **pasos** son:

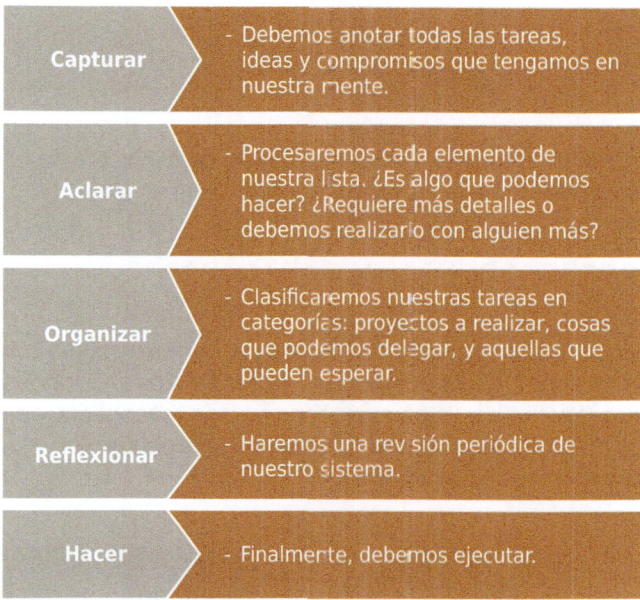

Seguramente te estarás preguntando dónde se esconde la magia de este método para que sea efectivo. El motivo no es otro que:

- ➲ **Libera la mente.** Cuando anotamos todo lo que tenemos que hacer, nuestro cerebro no necesita estar recordando las cosas durante todo el tiempo, lo que reduce el nivel de estrés rápidamente.
- ➲ **Ayuda en el enfoque.** Al tener una lista de tareas clara, ya sabemos exactamente qué hacer en cada momento, por lo que reducimos las distracciones y las indecisiones.
- ➲ **Reduce la ansiedad.** Ya no nos sentiremos agobiados por el caos de no saber por dónde empezar, puesto que tenemos un plan.
- ➲ **Mejora la toma de decisiones.** Al tenerlo todo organizado, podemos decidir qué tareas hacer primero y cuáles dejar para después.

Este método no es exclusivamente una forma de organizarnos, sino que al liberar nuestra mente de todas las tareas y proyectos que tenemos pendientes aumentamos nuestra eficiencia al organizar eficientemente las tareas y proyectos que debemos llevar a cabo.

IMPORTANTE

El principio fundamental detrás del modelo de Allen se basa en la premisa de que la mente humana es excelente para generar ideas, pero no tanto para recordarlas o hacer seguimiento.

El método GTD sugiere agrupar tareas por contexto, como "oficina", "hogar" o "por teléfono", para hacerlas más eficientes. Las revisiones semanales son clave para actualizar listas, evaluar proyectos y reconectar con metas a corto y largo plazo. Estas revisiones mantienen la organización y fomentan el crecimiento personal y profesional.

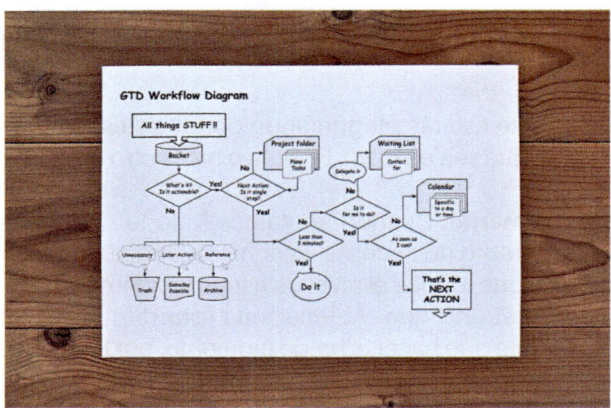

El método GTD facilita una visión de todo el proceso del proyecto, adaptándose a los cambios que se produzcan en el mismo.

El enfoque GTD es flexible y permite personalizar herramientas y métodos con libretas, aplicaciones digitales o ambas. Más que gestionar el tiempo, ayuda a manejar la energía mental, priorizando actividades clave y creando un flujo de trabajo efectivo. Su implementación exige práctica y compromiso.

2.3. El modelo de productividad de Leo Babauta

El modelo de productividad de Leo Babauta, *zen to done* (ZTD), simplifica el método GTD *(getting things done)* de David Allen. Mientras que GTD detalla la captura y organización de tareas y proyectos, ZTD promueve hábitos zen y simplifica la gestión de tareas, ideal para quienes encuentran complejo el sistema de Allen.

IMPORTANTE

El objetivo último es simplificar la vida de las personas que utilizan el método, de modo que siempre tengan tiempo para lo que realmente importa.

Leo Babauta, autor del blog *Zen habits,* creó el modelo *zen to done* tras frustrarse con el método GTD. Aunque veía en GTD una buena base, Babauta y muchos otros se sentían abrumados por sus numerosas listas y etapas. Con ZTD, buscaba simplificar la productividad personal sin perder el enfoque en lo esencial.

Portada de la página Zen habits, en la que Leo Babauta expone su método.

Esta metodología propone 10 hábitos para alcanzar el máximo nivel de eficiencia en la gestión del tiempo, pero su característica principal es que no es un sistema restrictivo, sino que las personas que lo apliquen pueden elegir los hábitos que utilizan y cuáles no. Estos **hábitos** son los siguientes:

➲ **Recopilación.** Similar a GTD, consiste en capturar la información, las tareas y las ideas tan pronto como aparezcan.

- **Procesamiento.** En cuanto recibimos la nueva información, debemos decidir de manera inmediata y con un enfoque minimalista cómo hacerla, delegarla o no, desecharla o almacenarla.
- **Planificación.** Gracias a su enfoque más simplificado, ZTD nos alienta a crear una breve lista con las tareas prioritarias, para realizarlas cada día.
- **Ejecutar.** ZTD enfatiza la realización de tareas prestando toda la atención, concentrándonos en una tarea a la vez para combatir la multitarea.
- **Sistema de confianza.** Aunque se recomienda utilizar una mecánica en la que se utilicen las listas o las aplicaciones de planificación, lo esencial es que el sistema elegido nos sirva a nivel particular y profesional.
- **Organización.** Mantener un sistema de organización simple donde toda la información necesaria esté en su lugar.
- **Revisión semanal.** A través de una revisión regular, ZTD busca reflexionar sobre los objetivos y metas alcanzadas, reajustar los objetivos y redefinir tareas venideras.
- **Simplificación de rutinas.** Babauta fomenta el examinar y eliminar las tareas no esenciales, en beneficio de liberar tiempo y recursos mentales para los aspectos relevantes.
- **Establecimiento de rutinas.** La adopción de hábitos y rutinas contribuye al asentamiento del orden. Con rutinas bien definidas, se puede enfocar la atención completa en actividades significativas.
- **Encontrar pasión y razón.** ZTD nos sugiere que integremos las actividades de nuestro día a día en el proyecto que nos ocupa, de forma que estas nos inspiren y alimenten nuestra motivación intrínseca.

 **RECUERDA**

Una de las mayores ventajas de *zen to done* es su adaptabilidad a los diferentes estilos de vida y necesidades individuales.

El método *zen to done* (ZTD), creado por Leo Babauta, destaca por su flexibilidad y enfoque humanista hacia la productividad. Reconoce que no todos los hábitos son iguales para todas las personas y promueve la personalización mediante la experimentación para adaptarse a los contextos específicos. Aunque implementar el método ZTD puede ser desafiante, especialmente por la falta de hábitos o la tentación de la multitarea, Babauta sugiere comenzar con pocos hábitos e incrementarlos progresivamente.

El modelo enfatiza el equilibrio entre la eficiencia y el bienestar, integrando el trabajo con el disfrute y el crecimiento personal. Invita a reconectar tanto con nuestras obligaciones como con nosotros mismos, fomentando una perspectiva más consciente y plena de nuestras acciones y momentos de contemplación.

APLICACIÓN PRÁCTICA

Antonio quiere conseguir que todo el esfuerzo que está llevando a cabo implantando una metodología de gestión del tiempo no caiga en saco roto, por lo que ha pensado que la metodología *zen to done* de Leo Babauta puede ayudarle gracias a los hábitos que tiene definidos.

¿Puedes indicarle a Antonio cuál de las siguientes opciones NO es un hábito de la metodología *zen to done* de Leo Babauta?

- **Creación de una lista con las tareas prioritarias**
- **Sistema simple de organización de tareas**
- **Revisión mensual**
- **Adopción de hábitos y rutinas**

Solución

No es un hábito de esta metodología es la revisión mensual, ya que el método ZTD recomienda una revisión semanal, no mensual.

Los hábitos establecidos por la metodo ogía *zen to done* de Leo Babauta incluyen: recopilación, procesamiento, planificación, ejecución, sistema de confianza, organización, revisión semanal, simplificación de rutinas, establecimiento de rutinas y pasión.

2.4. Ejemplos de casos prácticos

Después de analizar las técnicas para aumentar la productividad y gestionar el tiempo, es pertinente presentar diversos ejemplos en los que se han aplicado los principales modelos de productividad personal. Estos ejemplos pueden ser útiles si decides implementarlos en tu rutina diaria.

El modelo GTD *(getting things done)* de David Allen

Susana lidera un equipo en una empresa tecnológica, lo que implica reuniones, correos electrónicos y gestión de varios proyectos a la vez. Antes, no veía necesario anotar información porque confiaba en su memoria. Con un nuevo proyecto importante, ha decidido usar el modelo GTD para organizarse mejor. Los pasos que debe seguir para implementarlo son:

Capturar
- Susana anota todas las tareas que tiene que hacer durante el día, desde las pequeñas acciones hasta los proyectos completos, utilizando una aplicación como *Todoist*.

Aclarar
- Susana revisa las tareas y establece cuál es la más urgente, analizando si la puede hacer ahora o, por el contrario, debe delegarla.

Organizar
- Susana divide las tareas en "proyectos", "tareas diarias" y "cosas a hacer en 2 minutos". Así sabe exactamente lo que tiene que hacer en cada momento.

Reflexionar
- Susana realiza una revisión semanal de las tareas para asegurarse de que no se le haya escapado nada y ajustar sus prioridades.

Hacer
- Con la lista organizada, Susana puede enfocarse completamente en una tarea a la vez, sabiendo que las demás están controladas.

Después de implementar esta metodología, Susana se siente más tranquila, con menos estrés y mayor control sobre su trabajo. Esto ha aumentado su productividad y le permite enfocarse en lo que realmente importa.

El modelo de productividad de Leo Babauta *(Zen habits)*

Antonio trabaja como diseñador gráfico y puede trabajar desde casa porque no trata directamente con clientes. Juan tiene demasiadas ideas y salta de un proyecto a otro, lo que le causa agobio y la sensación de no avanzar ni acabar proyectos. Quiere ser más eficiente y reducir tareas para que lo hecho hoy también sirva mañana. Los pasos para que Juan adopte el modelo de productividad de Leo Babauta son:

Eliminar lo innecesario
- Antonio decide deshacerse de las tareas que no están alineadas con sus objetivos.

Enfocarse en una tarea
- En lugar de hacer varias cosas a la vez, Antonio bloquea el tiempo para trabajar en un solo proyecto de diseño a la vez, evitando las distracciones.

Crear hábitos sostenibles
- Para mejorar su productividad y salud, Antonio introduce un hábito de 15 minutos de ejercicio cada mañana y meditación para despejar su mente antes de comenzar su jornada.

Olvidarse del perfeccionismo
- Ahora directamente entrega las tareas, ya no se detiene en hacerlo todo perfecto.

Una vez que ha implantado este modelo, Antonio está más tranquilo, enfocado y productivo. Al reducir las distracciones y eliminar las tareas innecesarias, ahora tiene más tiempo para ser creativo y para disfrutar de su vida personal.

El enfoque de prioridades de Stephen Covey para la gestión del tiempo

Raquel es madre de dos hijos y gestiona su propio negocio. Siente que no hay suficientes horas al día para todas sus tareas: cuidar a los hijos, administrar el negocio, hacer las tareas del hogar y encontrar tiempo para ella misma. Usando la matriz de Covey, Raquel podría establecer estas prioridades:

Cuadrante 1 - Urgente e importante

Laura solo se dedica a cosas urgentes cuando realmente es necesario, como resolver los problemas de los clientes o atender alguna emergencia familiar.

Cuadrante 2 - Importante, pero no urgente

Laura dedica tiempo cada mañana a planificar su día, asegurándose de que lo más importante para ella (como su salud y tiempo con la familia) esté lo primero en su lista.

Cuadrante 3 - Urgente, pero no importante

Laura intenta delegar estas tareas (como algunas llamadas telefónicas o la gestión de redes sociales) para no perder tiempo en cosas que no la hacen avanzar hacia sus metas.

Cuadrante 4 - Ni urgente ni importante

Laura ha eliminado las actividades que no le aportan valor, como ver la televisión en exceso o navegar sin rumbo por las redes sociales.

Tras utilizar la matriz de Covey, Raquel siente que está recuperando el equilibro en su día a día gracias a que ha conseguido priorizar lo importante y delegar otras tareas, lo que ha aumentado su productividad dejándole espacio para disfrutar de su vida personal.

El método Pomodoro para mejorar la productividad diaria

Adriana es una escritora *freelance* que necesita estructurar su tiempo para cumplir con los plazos de entrega de los manuales y mantener un flujo constante de trabajo. Ha decidido utilizar el método Pomodoro para mejorar su productividad. A continuación, se detalla cómo ha implementado este método:

◐ **Planificación de tareas.** Adriana comienza cada día eligiendo 3 tareas principales que debe completar obligatoriamente.

- **Intervalos de trabajo.** Trabaja durante 25 minutos ininterrumpidos (pomodoros), seguidos de un descanso de 5 minutos. Cada cuatro pomodoros realiza un descanso más largo de 15 a 30 minutos.
- **Enfoque único.** Limita las distracciones al máximo durante los intervalos de trabajo (pomodoros), cerrando aplicaciones que no necesita y posponiendo llamadas telefónicas.
- **Revisión y ajuste.** Al final de cada día, Adriana revisa los pomodoros utilizados, ajustando su planificación para el día siguiente y celebrando las tareas completadas.

El método Pomodoro ha permitido a Adriana mejorar su enfoque y reducir el nivel de estrés, completando proyectos antes del plazo previsto y respetando los periodos de descanso durante su trabajo.

El método Kanban para la organización del flujo de trabajo

Marina es coordinadora de proyectos en una ONG, donde maneja múltiples tareas y proyectos simultáneamente. Para optimizar su gestión, ha decidido usar el método Kanban para organizar visualmente su flujo de trabajo. Veamos cómo lo hace:

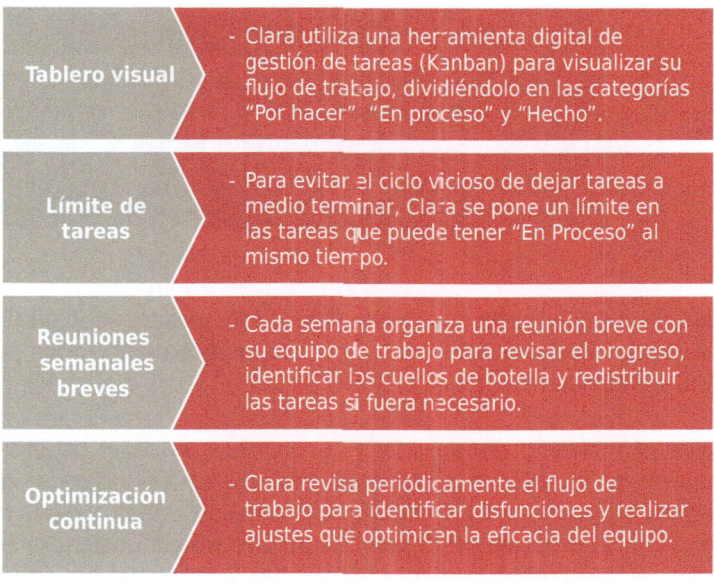

Tablero visual — Clara utiliza una herramienta digital de gestión de tareas (Kanban) para visualizar su flujo de trabajo, dividiéndolo en las categorías "Por hacer", "En proceso" y "Hecho".

Límite de tareas — Para evitar el ciclo vicioso de dejar tareas a medio terminar, Clara se pone un límite en las tareas que puede tener "En Proceso" al mismo tiempo.

Reuniones semanales breves — Cada semana organiza una reunión breve con su equipo de trabajo para revisar el progreso, identificar los cuellos de botella y redistribuir las tareas si fuera necesario.

Optimización continua — Clara revisa periódicamente el flujo de trabajo para identificar disfunciones y realizar ajustes que optimicen la eficacia del equipo.

Este método ha mejorado la eficiencia de Marina y ha optimizado la comunicación y colaboración en su equipo, garantizando coherencia y progreso en los proyectos.

El uso de los bloques de tiempo para encontrar tiempo para el desarrollo personal

Martín, responsable de ventas, dedica mucho tiempo a supervisar a su equipo y analizar tendencias de ventas, lo que le impide disfrutar de su tiempo personal. Por ello, ha decidido implementar un método de gestión del tiempo basado en bloques. A continuación, se explican los pasos que ha seguido para lograrlo:

Bloques de tiempo dedicados
- Martín divide su agenda en bloques de tiempo dedicados a diferentes tipos de tareas y actividades, como reuniones, análisis, o tiempo para la planificación y el desarrollo personal.

Eliminar distracciones
- Durante cada bloque, se centra exclusivamente en la tarea elegida, y evita interrupciones siempre que sea posible.

Revisiones y ajustes
- Al final de cada semana, Martín revisa la efectividad de sus bloques de tiempo y realiza los ajustes necesarios para la semana siguiente, asegurándose de que se cumplan sus objetivos.

Martín ha equilibrado sus responsabilidades usando el *time blocking*, alcanzando objetivos de ventas y reduciendo preocupaciones por plazos y tendencias del mercado.

Estos ejemplos muestran cómo los distintos modelos de productividad, cuando se adaptan a situaciones personales, optimizan la gestión del tiempo, reducen el estrés, mejoran la calidad del trabajo y dejan más tiempo libre. Ajustar estas metodologías según nuestras circunstancias permite manejar mejor el tiempo y ser más productivo. Todos los casos anteriores comparten los siguientes **aspectos:**

- **Energía:** los descansos regulares permiten mantener los niveles de energía más altos durante todo el día, lo que nos ayuda a evitar la fatiga mental.
- **Enfoque:** mediante bloques de tiempo, o la regla de una sola tarea a la vez, o la técnica Pomodoro, nos enfocamos en mantener la concentración para ser más productivos.
- **Prioridades:** el modelo de Covey y otras técnicas nos ayudan a identificar lo que realmente importa y a dedicarle tiempo de manera eficiente.
- **Procrastinación:** al trabajar en bloques de tiempo limitados, se reduce la tendencia a procrastinar, ya que el tiempo se vuelve un recurso valioso y limitado.
- **Simplificar**
- **Reducir los elementos innecesarios,** ya sea usando GTD o *Zen Habits,* es una forma efectiva de disminuir el estrés y aumentar la claridad mental.

 TAREA 3

Tú amiga Lidia, estudiante de medicina en su último año, se siente abrumada por la cantidad de información que debe memorizar y las prácticas que debe realizar. Las notificaciones de redes sociales y correos electrónicos la distraen, llevándola a procrastinar. Decides ayudarla con la técnica Pomodoro para mejorar su gestión del tiempo de estudio. ¿Puedes explicarle los pasos y acciones de cada etapa de esta metodología?

3. Resumen

Dado el ritmo acelerado de generación de información y la necesidad de adaptarse, la productividad personal es esencial en lo personal y profesional. Se trata de realizar tareas eficientemente. Analizando distintas metodologías, se pueden identificar similitudes y diferencias para personalizar el método que mejor se ajuste a nuestras necesidades, siempre con el objetivo de aumentar la productividad. Las metodologías más utilizadas son:

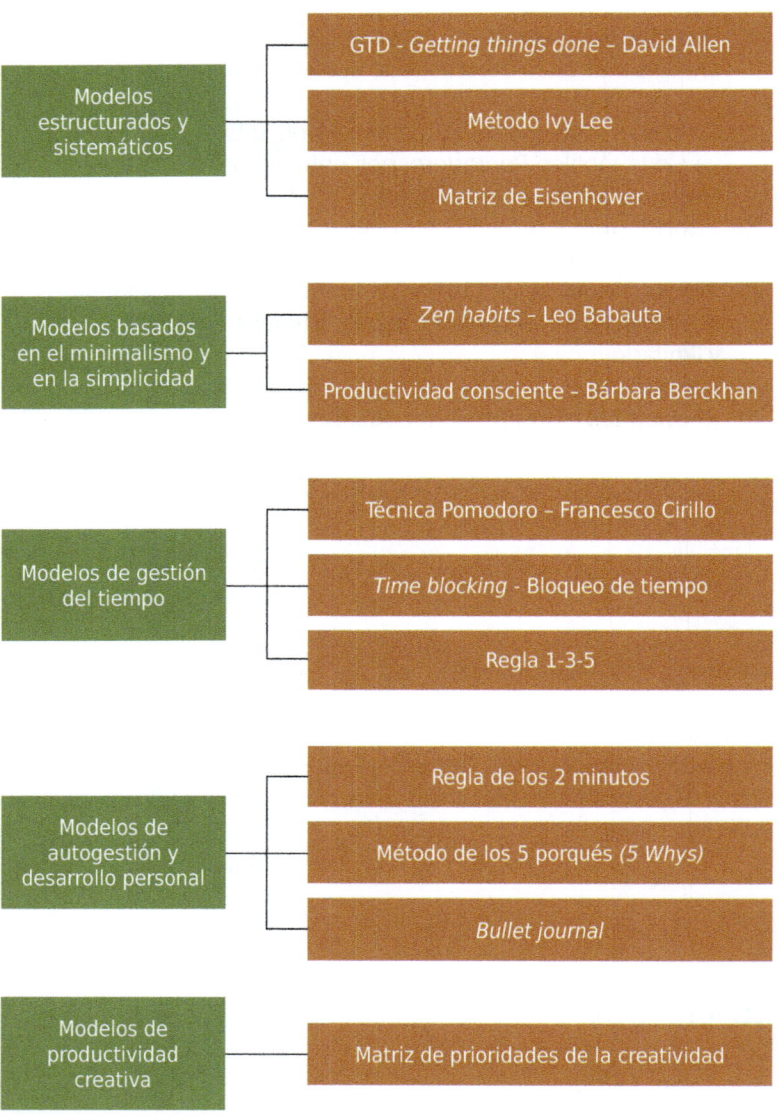

El modelo de productividad de Bárbara Berckhan destaca por su simplicidad y practicidad, brindando herramientas para manejar demandas diarias sin estrés ni ineficiencia. Propone técnicas simples que se pueden incorporar fácilmente a la rutina diaria y ofrece estrategias accesibles, ideal para quienes buscan soluciones efectivas sin complicaciones.

El modelo *getting things done* (GTD), de David Allen, ofrece una gestión sistemática de tareas y proyectos. Enfatiza sacar tareas de la mente para reducir el estrés y aumentar el enfoque. Organiza el flujo de trabajo desde la idea hasta su realización, útil para quienes realizan múltiples tareas a la vez. GTD se centra en la claridad y la priorización de objetivos, mejorando la productividad en contextos complejos.

Leo Babauta ofrece un método minimalista y flexible con su enfoque *zen to done* (ZTD). Este modelo combina elementos de GTD, enfatizando el minimalismo y lo esencial. Babauta se enfoca en reducir distracciones y promover hábitos que mantienen la productividad a largo plazo, incentivando alcanzar metas y equilibrar el día a día. Es ideal para quienes desean simplificar su carga de trabajo y mantener su bienestar.

Ejercicios de autoevaluación
Unidad de Aprendizaje 3

1. ¿Cuál de los siguientes modelos de productividad personal se centra en el uso eficiente del tiempo y la priorización de tareas a través de un enfoque sistemático?

    a. Técnica Pomodoro
    b. GTD *(getting things done)*
    c. Método Eisenhower
    d. Técnica Kanban

2. El Modelo GTD *(getting things done)* fue desarrollado por:

    a. Tim Ferriss
    b. David Allen
    c. Stephen Covey
    d. Brian Tracy

3. El método Pomodoro se basa en:

    a. Trabajar en bloques de tiempo de 25 minutos seguidos de un descanso de 5 minutos.
    b. Organizar tareas por categorías de importancia.
    c. Priorizar tareas mediante una matriz.
    d. Visualizar los objetivos a largo plazo.

4. ¿Qué herramienta se utiliza en el método Kanban para visualizar el flujo de trabajo?

    a. Lista de tareas
    b. Tablero visual
    c. Calendario mensual
    d. Diagramas de flujo

5. ¿Cuál de las siguientes afirmaciones describe mejor el modelo de la matriz de Eisenhower?

a. Priorizar tareas según su impacto a largo plazo.
b. Diferenciar entre lo urgente y lo importante para tomar decisiones.
c. Realizar tareas en bloques de tiempo fijos.
d. Mantener una lista de pendientes sin priorizar.

6. ¿Qué enfoque promueve el modelo *time blocking* o bloques de tiempo?

a. Dividir el día en segmentos de tiempo específicos para realizar tareas.
b. Usar listas de tareas para organizar las actividades diarias.
c. Planificar metas a largo plazo sin interrupciones.
d. Evitar interrupciones mediante la desconexión total.

7. ¿Cuál es el concepto central en el modelo de productividad personal *zen to done* (ZTD)?

a. Reducir el estrés mediante la simplificación de la vida.
b. Gestionar el tiempo a través de la técnica Pomodoro.
c. Tomar decisiones rápidas sin planificación.
d. Evitar la delegación y hacerlo todo uno mismo.

8. En el modelo de productividad personal basado en el método de los 5 minutos, ¿qué se recomienda hacer?

a. Pasar solo 5 minutos en cada tarea.
b. Realizar tareas que no lleven más de 5 minutos para evitar la procrastinación.
c. Establecer plazos de 5 minutos para tareas importantes.
d. Hacer descansos de 5 minutos después de cada tarea.

9. El método Ivy Lee es conocido por:

a. Establecer un número limitado de tareas prioritarias al final del día anterior.
b. Delegar las tareas para liberar tiempo.

    c. Realizar un seguimiento de los objetivos durante una semana.
    d. Dividir el día en bloques de tiempo de 30 minutos.

10. En el método de los 80/20 (principio de Pareto), se establece que:

    a. El 20 % de los esfuerzos generan el 80 % de los resultados.
    b. El 80 % de los esfuerzos deben dedicarse a las tareas urgentes.
    c. El 80 % de las tareas deben realizarse al final del día.
    d. El 20 % de las tareas más importantes se deben delegar.

Glosario

Agenda
Herramienta que permite organizar y programar actividades, citas, reuniones y eventos en un calendario. Se utiliza para gestionar el tiempo de manera efectiva, facilitando el seguimiento de compromisos y tareas.

Bloqueo de tiempo
Técnica de gestión del tiempo que consiste en asignar periodos específicos del día para realizar actividades o tareas específicas, evitando las distracciones y aumentando la productividad.

Calendarización
Proceso de asignar fechas y horas específicas a las actividades, tareas o proyectos a lo largo del tiempo, con el fin de optimizar la planificación y el uso eficiente del tiempo disponible.

Matriz de Eisenhower
Herramienta de priorización de tareas que las divide en cuatro categorías: urgente e importante, no urgente pero importante, urgente pero no importante y ni urgente ni importante. Ayuda a tomar decisiones sobre qué tareas se deben hacer primero.

Matriz de prioridades
Método visual que permite clasificar las tareas según su nivel de urgencia e importancia. Esta clasificación facilita la toma de decisiones y optimiza el enfoque en lo que realmente tiene mayor impacto.

Método Pomodoro
Técnica de gestión del tiempo que consiste en dividir el trabajo en intervalos de 25 minutos (llamados *pomodoros),* seguidos de breves descansos. Después de cuatro *pomodoros,* se realiza una pausa más larga.

Planificación

Proceso de definir las actividades a realizar en un periodo de tiempo determinado. Incluye la asignación de tareas, el establecimiento de metas y objetivos, y como la programación de recursos y plazos.

Productividad

Medida de la eficiencia con la que se utilizan los recursos, incluido el tiempo, para lograr un resultado o producto deseado. En gestión del tiempo, se refiere a la capacidad de realizar más tareas en menos tiempo sin comprometer la calidad.

Revisión periódica

Proceso de revisar regularmente las tareas, objetivos y planes para asegurarse de que se estén cumpliendo según lo previsto, y hacer ajustes si es necesario. Es una práctica esencial para mantener el control sobre el tiempo.

Tareas delegables

Actividades que pueden ser realizadas por otras personas en lugar de ser ejecutadas directamente por la persona responsable. La delegación es una técnica de gestión del tiempo para optimizar la carga de trabajo.

Tareas importantes

Actividades que, aunque no sean urgentes, tienen un gran impacto en los objetivos a largo plazo. La gestión eficaz del tiempo requiere equilibrar lo urgente con lo importante.

Tareas prioritarias

Actividades que deben realizarse de inmediato o en un plazo muy cercano, debido a su impacto significativo o a su urgencia. Suelen estar asociadas con proyectos de alto valor o plazos inminentes.

Tareas urgentes

Actividades que requieren atención inmediata debido a su cercanía al vencimiento de un plazo o a su importancia crítica. A menudo, se asocian con una sensación de presión y estrés.

Técnica GTD *(getting things done)*

Método de gestión del tiempo creado por David Allen, que implica capturar todas las tareas, clasificarlas, organizarlas, revisarlas regularmente y hacerlas. GTD ayuda a reducir el estrés y a mejorar la organización.

Tecnología de la gestión del tiempo

Herramientas y aplicaciones digitales diseñadas para ayudar a organizar, programar y controlar el uso del tiempo, tales como calendarios electrónicos, aplicaciones de tareas y recordatorios.

Tiempo de concentración

Periodo durante el cual una persona se dedica de forma intensiva a una tarea, sin interrupciones. Es fundamental para alcanzar altos niveles de productividad en tareas complejas o creativas.

Tiempo de inactividad

Periodo en el que no se realiza ninguna actividad productiva. En la gestión del tiempo, se busca minimizar estos periodos para mejorar la eficiencia y alcanzar los objetivos.

Time blocking

Técnica en la que se asignan bloques de tiempo específicos en el calendario para actividades concretas. Ayuda a evitar distracciones y a asegurar que se dedique tiempo suficiente a las tareas importantes.

Trabajo profundo

Concepto propuesto por Cal Newport que se refiere a sesiones de trabajo sin distracciones, donde se logran altos niveles de concentración y rendimiento. La práctica del trabajo profundo es clave en la gestión del tiempo para tareas cognitivas exigentes.

Zona de confort

Estado mental y emocional en el que una persona se siente segura y libre de estrés, pero donde puede haber una falta de motivación para realizar tareas que exigen esfuerzo o desafío. Superar la zona de confort puede ser necesario para aumentar la productividad.

Bibliografía

Monografías

→ ALLEN, D.: *Organízate con eficacia: Cómo conseguir el control personal y profesional.* Barcelona: Empresa Activa, 2015.

> Obra básica en la gestión del tiempo que trabaja sobre la metodología *getting things done* (GTD), enseñándonos a gestionar las tareas de manera eficaz, reducir el estrés y aumentar la productividad.

→ COVEY, S.: *Los 7 hábitos de la gente altamente efectiva.* Barcelona: Ediciones Paidós, 2023.

> Este libro nos ofrece distintos principios para mejorar nuestra productividad personal, incluyendo herramientas de gestión del tiempo que nos ayudarán a establecer las prioridades y mejorar en la toma de decisiones.

→ CIRILLO, F.: *La técnica Pomodoro®: El famoso método para gestionar el tiempo que ha cambiado la vida a 2 millones de personas.* Barcelona: Ediciones Paidós, 2020.

> Manual sobre el método Pomodoro, que nos ayuda a simplificar nuestro trabajo y descubrir cuánto tiempo y esfuerzo requiere realizar una tarea, lo que nos permitirá aumentar nuestra capacidad de concentración y mejorar nuestros objetivos mediante un enfoque simple y efectivo mediante intervalos de trabajo *(pomodoros)* y descansos, maximizando la concentración y el rendimiento.

→ RAMÍREZ, P.: *Cómo tener tiempo para todo.* Barcelona: Editorial Grijalbo, 2024.

> En este libro no encontraremos consejos para ser más rápidos, para hacer más cosas ni para organizar nuestra agenda como el Tetris. Todo lo contrario. Las palabras "rápido", "deprisa" y "ya" las carga el diablo. Este manual pretende que aprendamos a utilizar correctamente nuestro tiempo, que lo disfrutemos y que lo aprovechemos en beneficio de nuestra salud física y mental.

→ TRACY, B.: *¡Trágate ese sapo! 21 estrategias para TRIUNFAR combatiendo la procrastinación.* Barcelona: Anaya Multimedia, 2012.

> Un enfoque práctico que nos ayuda a vencer la procrastinación, priorizar las tareas y volvernos más productivos, con consejos fácilmente aplicables a nuestra vida diaria.

→ VALOIS, D.: *Gestión del tiempo para el éxito: 50 consejos (que nadie te dirá) para tener más tiempo.* Michigan: *Independently published,* 2023.

> Habitualmente posponemos las tareas grandes y medianas, o nos cuesta empezar y, cuando lo hacemos, nos sentimos culpables y, aunque nos prometamos que será la última vez, volvemos a caer en manos de ese enemigo invisible, por lo que la capacidad de manejar el tiempo determinará nuestro éxito o fracaso.

Publicaciones y páginas web online con recursos

→ *1Focus,* de: <https://onefocusapp.com>.

> Aplicación que ayuda a eliminar las distracciones, establecer objetivos SMART y dividir tareas grandes en otras más pequeñas para gestionar mejor el tiempo y reducir el estrés.

→ *Asana,* de: <https://asana.com/es>.

> Herramienta que ayuda en la planificación y priorización de tareas de forma eficiente. Incluye plantillas y consejos prácticos para equilibrar la vida personal y laboral.

→ *Clockify,* de: <https://clockify.me>.

> Herramienta que ofrece distintas técnicas efectivas de gestión del tiempo, como la técnica Pomodoro, Kanban o la matriz de Eisenhower, para mejorar la productividad y manejar mejor el tiempo. También ofrece información acerca de la manera de superar problemas comunes como la procrastinación y la multitarea.

→ *Google Calendar,* de: <https://calendar.google.com>.

> Recurso de *Google* para gestionar nuestro tiempo de manera eficaz mediante el uso de calendarios y actividades programadas.

→ *Notion,* de: <https://www.notion.so>.

> Aplicación que trabajo con distintos métodos de planificación visual como la técnica Kanban en la que se usan distintas herramientas digitales para gestionar proyectos y tareas.

→ *RescueTime,* de: <https://www.rescuetime.com>.

> Herramienta que nos ayuda a comprender cómo utilizamos nuestro tiempo en los dispositivos digitales.

→ *Timeular,* de: <https://timeular.com>.

Herramienta que hace que el seguimiento del tiempo sea fácil, porque, aunque no a todo el mundo le gusta realizar el seguimiento del tiempo, hacerlo es crucial. Es un conjunto de herramientas inteligentes para realizar el seguimiento de nuestro tiempo rápidamente y sin esfuerzo.

→ *Trello,* de: <https://trello.com>.

Herramienta enfocada en la gestión de proyectos y en la organización del tiempo usando la metodología Kanban.